JN410004

낯선 길

전종건 유고집
낯선 길

발행 | 2022년 4월 8일

지은이 | 전종건
펴낸곳 | 도서출판 학이사
출판등록 : 제25100-2005-28호
주소 : 대구광역시 달서구 문화회관11안길 22-1(장동)
전화 : (053) 554~3431, 3432
팩스 : (053) 554~3433
홈페이지 : http:// www.학이사.kr
이메일 : hes3431@naver.com

ISBN _ 979-11-5854-348-8 03810

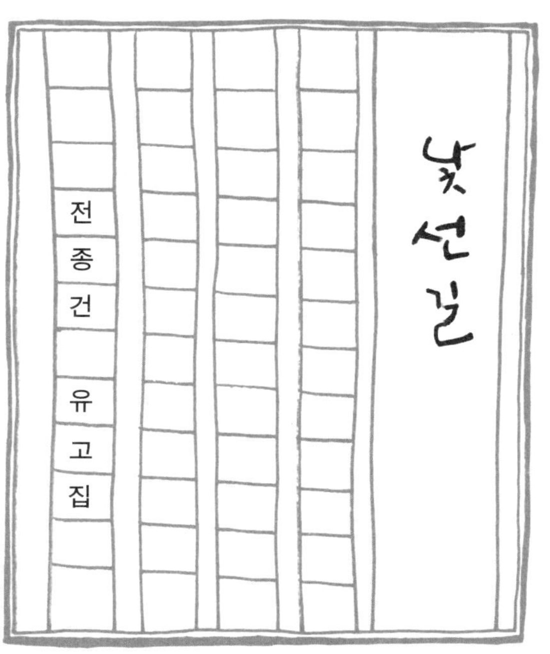

學而思 | 학이사

망자는 산 자의 기억 속에서 재생된다

우연한 만남도 정성과 공을 들이면 필연이 되기도 하고 필연적 만남도 한순간 스쳐 가는 우연적 만남이 될 수 있다.

그를 만난 것은 성모솔숲마을 솔다향이었고 그를 마지막으로 본 것은 한 병실이었다. 마치 단편영화처럼 그 사이의 만남은 이루어졌다. 한 사람의 생애 마지막을 함께하는 것은 흔치 않은 일이지만 결과적으로 그렇게 되었다. 난 그 전에 전 베드로의 삶을 전혀 알지 못하지만 한 5개월 동안 여기 있는 그대로 삶을 이해하고 자신의 선택을 존중하고 지지하였다.

청도 각북 송내에서 가지 않는 곳이 없을 정도로 걷고 또 걸었다. 금천지, 성수월지, 애골길, 헐티재, 임도길, 지슬지 등 걸으면서 어싱하면서 이야기를 이어가고 또 이어갔다. 이 어싱은 자신의 몸 안에 '자연치유력' 을 일깨우는 작업이었다.

이것뿐이 아니었다. 대체 한의사를 찾아 부산을 동행하여 진맥을 하였고, 서울에 장범이 아버지를 불러 뜸하는 방법을 배운 후 그는 뜸하길 좋아하였다. 몸의 부교감신경을 활성화시키기 위해서 침을 소개하였고 그는 꾸준히 침을 맞았다. 간혹 예다숲에서 만나 찜질하기도 하고, 발효차로 속을 달래기도 하였다. 고통스런 긴 밤을 보낸 날은 꼭 전화를 하여 자신의 안부를 인증시켰다.

그는 큰 수술 이후 항암-방사 같은 전형적인 치료의 트랙으로 가지 않고 자연치유로 턴하면서 땅과의 평화, 물과의 평화, 햇빛과의 평화, 바람과의 평화를 느끼면서 지냈다. 그렇지만 현대 암치료와 자연치료 사이에서의 불균형에 그는 주문한 모든 책을 통하여 자신의 고정관념을 교정하면서 인지력을 높여 갔다.

그는 미사 참여를 좋아하지 않았다. 하지만 그 깊은 이유는 말하지 않았다. 침묵! 나 역시 묻지 않았고 그 또한 자신에 대해선 말하지 않았다. 말할 수 없는 것은 침묵을 지키는 것이 좋다고 생각한다. 침묵도 상대를 존중하는 방법이기 때문이다.

그는 자신의 인생에 다시 봄이 오면 에밀 타케 신부 도록을 만들고 싶어 했고 에밀 타케의 한라산을 다시 보고 싶어 했다. 자신이 낼 신간에 수술 이후의 삶을 작업하지 못했다. 하고 싶은 것을 다시 하려고 한 약속을 이루지 못했지만 그것도 의미 있는 영혼의 기록이다. 함께 지냈던 솔숲의 친구들! 성식 님, 임주 님, 순이 님, 도경 님, 인숙 님, 형곤 님 그들의 기도만큼 전 베드로의 웃음은 해맑았는데 이제 우리의 기억 속에 재생된다.

이제 주님의 빛 속에서 아픈 사람들을 위해서 기도해 주길 전종건 베드로에게 부탁하며!

2022년 4월

정홍규 신부

| 추모사 |

사무치게 그립고도 보고 싶은 오빠

오빠…

옥스퍼드 영어사전에도 등재된 OPPA!

Oppa란 단어만 떠올려도 너무 일찍 떠나버린 오빠에 대한 그리움과 안타까운 마음에 가슴 저려옵니다.

사무치게 그립고도 보고 싶은 오빠

살아생전 사랑한다는 말 한마디 못 했었는데…

"사랑"이라는 말은 기원을 따져 본다면 "생각하다"라는 의미에서 왔다고 합니다.

봄꽃구경 함께 가자고 하고선…

만물이 생동하는 봄꽃들의 향연이 펼쳐진 계절에

산벚꽃 흐드러지게 핀 날 부모님 곁에 영원한 안식처를 잡았지요.

가끔 연락두절로 주위 사람들의 애간장을 태워도 미워할 수 없는 매력을 지닌 우리 오빠!

세속의 잡다한 번뇌 없이 새롭게 자리 잡은 그곳에서 부모님 손잡고 하늘나라 구경 마음껏 하세요.

가톨릭대학교 신학대학을 졸업하고도 성소의 길을 가지 못했었고 성모솔숲마을에선 미사 참례를 하지 않아 주임신부님께 안타까움만 안겨주었지만 그래도 주님께서는 길 잃은 한 마리 양으로 보듬어 주시어 동기신부님으로부터 종부성사 받고 하느님 품에 안겼지요.

인사가 늦었지만 코로나19의 어려움에도 불구하고 오빠 장례식에 귀한 시간 내어 조문해 주신 분들의 따뜻한 위로의 말씀과 후의에 거듭 감사드립니다.

더불어 『낯선 길』 미완성의 글에 서문과 추모글을 써 주신 정홍규 신부님, 이현 교수님, 김희근 전 영남일보 문화부장님, 청도 성모솔숲힐링센터에서 잠시 생활을 함께했던 한도경 건축가님, 이창희 교수님, 윤정대 변호사님께 감사드립니다.

본의 아니게 오빠나 이 글로 인해 말빚, 글빚이 되지 않았기를 빕니다. 아울러 오빠가 잘 치병하기를 간절히 바라며 성서를 완필한 남편 막시밀리안 콜베에게도 고마운 마음을 전합니다.

끝으로 어려운 출판계 상황임에도 불구하고 오빠와의 인연을 생각하여 이 책 출간을 위해 긴 시간 기다려 주시고, 아낌없는 배려와 알뜰하게 편집과 교정을 해 주신 학이사 신중현 대표님과 관계자에게도 진심으로 감사드립니다.

2022년 춘삼월

전종건의 여동생 덕이 에반젤리나

차례

1부 _ 사랑

2부 _ 소리를 찾는 남자들

3부 _ 의사 김성호의 서재

4부 _ 전종건을 추모하며

1부
사랑

포구의 새벽

어둠이 가시지 않은 새벽, 통통거리는 발동기 소리가 작은 어촌 마을을 흔들어 깨웠다. 창문을 조금 열어젖히고 고개를 내밀었다. 소금기를 잔뜩 머금은 미풍이 얼굴을 감쌌다. 하늘에는 낮게 뜬 초승달이 심술궂게 바다 위를 내려다보고 있었다. 뜨거운 태양열이 쏟아지던 대낮의 고요와 평온, 잔잔한 파도는 없었다. 작은 고깃배 한 척이 축구장만 한 포구에 조심스레 접근 중이었다.

몇몇 아낙들이 쪼그리고 앉아 배를 물끄러미 쳐다보고 있었다. 수십 년간 육지에서만 살아온 나에겐 낯설고 서정적인 풍경이다. 발걸음을 재촉해 포구 가까이 가보았다. 배 옆구리가 콘크리트 벽에 살짝 부딪치자 늙은 어부가 네모난 플라스틱 상자 세 개를 아낙들에게 건넸다. 두 곳에는 숨을 거둔 청어들이었고, 한 곳에는 죽어가는 새끼 문어 한 마리가 꾸물거렸다.

비릿한 생선 냄새가 콧구멍을 지나 텅 빈 위장 속까지 스며들었다. 메스꺼웠다. 거칠고 정직한 삶의 현장에서 내 육체는 적응하지 못한 것이다. 호기심이 부끄러웠다. 잠깐 고개를 먼 바다 쪽으로 돌렸다. 등대는 없었다. 짙은 어둠을 헤치고 작은 고깃배 한 척이 또 미끄러져 들어왔다. 늙은 어부와 아낙들의 움직임, 어획량은 비슷했다. 문어 대신 소라와 물가자미가 담긴 상자만 달랐다.

이 작은 포구엔 TV 화면에 가끔 등장하는 만선의 기쁨이나 거친 소란은 없었다. 힘든 노동 뒤의 허무한 귀가를 보는 듯했다. 방금 배에서 내린 그물 손질에 여념 없는 한 아낙 곁으로 걸어갔다. 낯선 자를 바라보는 그녀의 얼굴엔 검은 주름들이 깊게 패어있었다. 칠순을 훌쩍 넘긴 할머니 같았다. 꾹 다문 입술엔 노년의 체념과 여유가 묻어났다.

약간의 우여곡절 끝에 다시 바다로 출항하는 고깃배에 나도 몸을 실을 수 있었다. 비좁은 선상에는 손질한 통발이 수북했다. 수평선 위로 붉은 빛이 넓게 피어올랐다. 일출 직전이었다. 1시간쯤 물거품을 뿜어내던 발동기 소리가 잦아들었다. 늙은 어부는 허연 부표를 갈고리로 낚아챈 뒤

수면 위로 떠오르는 통발을 하나씩 건져올렸다. 대부분 텅 비어있었다.

"요즘은 바다 밑도 황무지나 마찬가질세… 이젠 배질(조업)도 못 해먹게 됐어!"

몇몇 통발 속에 갇힌 시커먼 성게와 회색빛 소라를 쳐다보는 내겐 절망의 아우성으로 들렸다. 하지만 도시인의 권태롭고 상냥한 목소리와는 달리 진솔하고 묵직했다. 2시간여 바다 노동을 끝낸 배가 헐떡거리며 포구로 향했다. 휘청거리며 육지에 발을 디딘 나에게 방금 건져 올린 소라 중 큰 놈을 골라 비닐봉지에 담아 주었다. 극구 사양했지만 통하지 않았다.

타임 슬립

몇 해 전, 나는 왜관 베네딕도 수도원 박물관에 전시된 한 장의 사진 앞에서 한참 동안 눈길을 뗄 수가 없었다. 사진 속 주인공은 벽안의 가톨릭 성직자였다. 검은 수도복차림에 검은 모자를 쓴 선교사는 가슴 아래까지 늘어뜨린 잿빛 수염을 휘날리고 있었다. 검정색 지프형 승용차를 타고 가다가 잠시 카메라 앞에서 포즈를 취한 것으로 보였다.

길가에는 흰 무명 저고리와 검은 치마를 단정하게 차려입은 조선의 처녀들이 길게 줄지어 서서 그를 환영하고 있었다. 정면을 응시하는 선교사의 눈빛에는 서늘하면서도 당당한 미소가 흐르고, 그의 등 뒤를 쳐다보는 처녀들의 눈빛은 겸손함이 깔린 놀라움과 가난한 슬픔이 묻어났다. 그 너머엔 희끄무레한 민둥산이 자리 잡고 있었다. 1937년 조선의 북쪽 시골마을에서 촬영된 사진이다.

80년 전, 조선의 한 풍경을 담은 이 사진을 바라보며 나는 말을 잃고 몽롱한 상상 속에서 휘청거리기 시작했다. 마치 '타임 슬립time slip' 속으로 미끄러지는 기분이었다. 시간의 흐름이 돌연 바뀌어 미래나 과거 속으로 이행하는 이 특이한 경험은 그 후로도 계속됐다. 사진은 지금의 부유함과 그때의 가난함, 현재의 소란과 과거의 고요, 천박한 사치와 무거운 소박함을 교차시켰다.

때로는 한 장의 사진이 더욱 정직한 말을 한다. 사진은 단지 흘러가는 시간의 어느 한 순간만을 포착하지만 그 프레임 안에는 시대 전체의 모습을 고스란히 드러낸다. 시시콜콜하게 말이나 글 따위로 굳이 설명할 필요 없이 당대의 분위기를 더욱 생생하게 전달해 주는 매체가 바로 사진이기 때문이리라.

며칠 전, 필자는 또 한 번 타임 슬립 속으로 빠져들었다. 일본 열도의 최북단 홋카이도 다이세쓰산〔大雪山〕 등정을 끝내고 삿포로로 향하는 길이었다. 한국의 초여름 열기를 차갑게 식혀버린 눈보라와 매콤한 유황냄새를 품은 거대한 화산 연기가 연출하는 기묘한 풍광을 뒤로한 채, 다시 버스와 기차를 갈아타야 하는 번거로운 여정이었다. 뒤바

낀 계절의 추억과 들뜬 피로감이 스며들었다. 치토세 공항으로 가는 JR 기차는 3시간의 대기를 요구했다. 조금 일찍 기차표를 구입한 나는 아사히카와 역을 빠져나와 인근 커피숍으로 들어갔다. 대낮인데도 실내는 어두웠고 손님은 없었다. 꽁지머리를 한 40대 남자 주인은 무표정하게 드립 커피를 내리고 있었다. 창문 가까이에 앉아 사방을 살피는 나의 시선에 두껍고 커다란 책 표지가 들어왔다.

LIFE AT WAR! 호기심이 발동한 나는 그 책을 꺼내 들었다. 2차 세계대전 패망 30주년을 맞이한 일본이 1975년에 출간한 전쟁사진집이었다. 40년간 서재에서만 놓여있었던 탓인지 책장을 넘기자 곰팡내가 물씬 풍겼다. 주로 1, 2차 세계대전을 전후한 전쟁터의 참상을 담은 사진이었다. 그런데 나의 호기심을 고정시킨 대목은 조선전쟁朝鮮戰爭 그 중에서도 고아들의 눈빛이었다.

식탁 앞에 앉은 어린아이의 눈빛은 공포에 휩싸인 슬픔이었다. 금방이라도 울음이 터질 것만 같다. 악몽이 그의 몸과 마음을 할퀴고 간 탓일까. 아이의 가녀린 목에는 굵은 핏줄이 그대로 불거져 나와 있고, 움푹 팬 두 눈은 굶주림의 흔적이 역력하지만 앞에 놓인 음식엔 관심이 없는 듯하다. 의자 옆에 놓인 멍석 위에는 죽은 지 며칠쯤 지난 아이 엄마의 주검이 놓여있었다.

또 한 어린아이는 시커먼 분노의 눈빛으로 손을 벌리고 있다. 누더기를 걸친 그의 얼굴은 오물투성이고 머리는 봉두난발蓬頭亂髮이다. 추위와 굶주림으로 생사의 갈림길에 놓인 아이의 눈동자는 처절한 생존본능의 끝자락을 헤매는 듯하다. 그는 지금 어른들에게 거지 같은 손을 내밀며 세상을 향한 원망의 외침을 쏟아내고 있었다. 짐승 같은 자신의 운명을!

마지막 사진 한 장 앞에서 나는 참았던 눈물을 뚝뚝 흘리고 말았다. 불쌍한 어린이는 동냥깡통을 부둥켜안은 채 활짝 웃고 있었다. 하지만 얼굴 표정은 세상 풍파 다 겪은 어른의 것이었다. 6.25 전쟁 막바지 동족상잔同族相殘의 참극을 온몸으로 견뎌내야 했던 이 아이는 아름다운 유년기를 반납하고 그만 성인이 되고 만 걸까.

우리는 매년 6.25 전쟁기념일을 맞는다. 아직도 남과 북의 철없는 어른들은 서로 삿대질만 하고 있다. 이 어린아이들에게 부끄럽지도 않은가.

최 부잣집 대청마루에서

기와를 잔뜩 머리에 쓴 솟을대문을 지나 마당으로 들어가니 검은 편액에 씌어진 흰색 한자가 나를 맞았다. '大愚軒(대우헌)' '鈍次(둔차)', 대단히 어리석은 집에 아둔한 둘째라. 겸손을 역설적으로 표현한 옛 선비들의 여유가 돋보였다. 사랑방에는 초로의 남자가 책상에 앉아 연필로 뭔가 쓰고 있었다.

내가 매년 두어 번 찾는 경주산책의 마지막 코스 '최 부잣집' 한쪽 전경이다. 예전에는 종갓집 대청마루의 고요함에 이끌려 발길을 돌렸으나 이번에는 이유가 다르다. 대한민국 최고 부자 두 사람 때문이다. 한 재벌총수는 자식들의 재산상속 때문에, 다른 이는 추잡한 섹스 스캔들 때문에 연민의 시선을 받는 듯하다.

돈이 신神으로 둔갑한 요즘, 부자는 세상의 절대자다. 무소불위의 권력조차 돈 앞에는 굴종 모드다. 그래서 뒷집 바둑이조차 선망의 눈길로 그들 앞에서 꼬리 친다. 이 색다른 풍경을 두 사람이 훼손시킨 셈이다. 나에게 부자는 언제나 관심 밖이지만, 문득 경주 최 부자는 뭔가 이색 스토리가 있으리라는 생각이 스쳤다.

제법 넓은 마당엔 삼복더위가 달군 황톳빛 아지랑이가 피어올랐다. 대청마루에 앉아 10년째 최 부잣집 지킴이로 활동하는 최용부 씨(74)에게 질문으로 노크했다.

"이 집 주인은 어떻게 부자가 되었나요?"

"3대에 걸친 근면정신과 청빈한 생활, 그리고 혁신이었지요."

최씨 가문의 방계손인 그의 설명은 거침없고 명료했다. 내 옆에 앉은 두 관광객이 귀를 쫑긋 세운 채 듣고 있었다.

"조선시대 병조판서를 지낸 1대 최진립은 청백리라 부와는 상관없고, 용궁현감으로 황무지 개척을 통해 농토를 많이 확보한 2대 최동량은 부자의 서막이었다면, 이앙법을 도입해 벼의 획기적인 수확을 올린 3대 최국선이 진정한 최 부잣집의 시조로 봐야 되겠지요."

당대에 부를 집어삼킨 요즘 졸부들과 달리 최 부자는 3

대에 걸친 재산 형성과정이 있었던 셈이다. 그렇다면 자그마치 12대에 걸친 부의 세습 과정과 대단원은 어땠을까?

"잘 아시다시피 최씨 가문의 재산 전달은 여섯 가지 행동지침에 잘 나타나 있습니다. 그리고 마지막 상속자였던 12대 최준 씨는 모든 재물을 사회에 환원시켰지요. 상속은 1원도 없었습니다."

경주 최 부잣집 500년 스토리를 들으며 멀리 남산자락을 바라보았다. 뭇 백성들로부터 선망과 존경을 받으며 이 고택에서 평화롭게 눈을 감았던 후손들이 떠올랐다. 그리고 얼마 전 TV 화면에 출현한 두 늙은 재벌 회장의 희멀건 눈빛이 불쾌하게 겹쳐졌다.

왜관 베네딕도 수도원에서

"너무 일찍 도착하셨네요. 오후 2시는 지나야 방 열쇠를 드릴 수 있는데…."

검은 수도복 위에 패딩을 걸친 남자의 목소리가 퉁명스럽게 들렸다. 손목시계를 들여다보니 오전 11시가 조금 지났다.

"네, 어쩌다 좀 빨리 오게 됐습니다."

"점심식사는 어떻게 하실 겁니까? 예약이 안 됐는데…."

"그럼 밖에서 먹고 다시 오겠습니다."

수도원을 찾은 손님에게 따뜻한 인사 대신 '도착 시간'과 '식사 예약'부터 따지다니! 야속했다. 나는 무심하게 쳐다보는 중년 수도사의 눈길을 뒤로하고 건물 밖으로 후딱 나와 버렸다. 이참에 수도원 담장 안을 쭉 둘러보는 것도 괜찮겠다는 생각이 들었다.

2019년 설을 쇤 지 이틀 지났으나 차가운 바람이 양쪽 뺨을 스쳤다. 대성당 문 앞에서 바라본 왜관 읍내 풍경은 곳곳에 우뚝 선 고층아파트들이 수도원을 포위하고 있는 듯했다. 40년 전 처음 이 자리에 섰을 땐 넓은 들판과 낙동강이 보였는데….

나는 수도원 입구부터 자동차 바퀴 대신 두 다리로 천천히 걸었다. 정문 오른편 벽돌기둥에 박힌 '성 베네딕도회 왜관 성 마오로 플라치도 수도원' 청동 팻말을 뒤로하고 성당 쪽으로 발걸음을 옮겼다. 큼지막한 바위에 가로로 새겨진 '주님을 섬기는 학원', 조금 떨어진 곳에 우뚝 선 '모든 일에 하느님께 영광' 글귀가 잇따라 나타났다. '주님'과 '하느님'의 뜻 차이가 무엇인지 곰곰이 생각하며 성당 안으로 들어갔다. 낮기도를 알리는 차임벨 소리가 울리고, 검은 수도복을 입은 수도자들이 두 줄로 걸어 들어왔다.

"하느님, 날 구하소서."

"주님, 어서 오사 나를 도우소서."

중앙 제대 양편 의자에 자리 잡은 수도자들의 청아한 목소리가 간곡하게 울려퍼졌다. 50여 명의 수도자들이 파이프 오르간 연주에 맞춰 부르는 가사는 구약성서의 '시편'

이었다. 검은 상고머리를 한 20대 젊은이부터 반백의 중년 아저씨, 백발 노인까지 연령층은 다양하지만, 그들의 눈길은 손에 든 '성무일도' 에 고정되어 있었다. 얼굴 표정은 엄숙하고 진지해 보였다. 집에서 LP로 감상하던 오리지널 그레고리안 찬트도 성스러웠지만 한국 수도자들이 열창하는 우리말 그레고리안 가사와 리듬도 거룩하게 들렸다.

"전능하시고 자비로우신 천주여, 한낮에 우리를 쉬게 하시니, 우리가 이미 시작한 일을 어여삐 보시어 잘못한 점은 고쳐 주시고, 당신 뜻에 맞도록 오늘의 일을 마칠 수 있게 하소서…."

마침기도가 끝나자마자 정오의 삼종기도를 알리는 종소리가 성당 안 침묵을 깨뜨렸다. 나는 5명의 방문객과 함께 아래층 식당으로 내려갔다. 음식은 소박했다. 쌀밥과 뭇국, 야채전, 시금치무침, 멸치조림이 전부였다. 옆에 앉은 아주머니들이 '맛있다' 를 연발하며 생활 수다를 떨고 계속 '쩝쩝' 거렸다. 그 소음이 미각을 살짝 떨어지게 했다. 단번에 세속 도시의 여느 한식당 같은 분위기로 만들어버린 아낙네들이 못마땅했기 때문일까? 마주 앉은 중년 사내도 나와 같은 심정인 것 같았다.

"점심 맛있게 드셨어요? 10년 만에 여기서 다시 만나다니… 반갑소, 형제!"

초로의 대머리 수도사가 식탁 옆에 서서 마주 앉은 남자의 손을 덥석 붙잡고 다정하게 아래위로 흔들었다. 음성은 가늘었으나 단호하게 들렸다. 20년 전 이 수도원 원장으로 재직했던 김구인(보스코) 신부였다. 나는 당시 수도원 미사를 지내던 그의 모습이 선명하게 떠올랐다. 김 신부는 5년간 원장직을 수행한 후, 미국 뉴튼 수도원으로 떠나 10년간 명상수련을 했던 것이다. 그때 뉴욕에서 음악공부를 하던 맞은편 사내와 인연을 맺게 됐다고 설명했다. 세월의 빠름이 실감났다. 김 신부와 나의 만남도 30년이나 흘렀으니!

"어 베드로, 자네도 오랜만이네, 잘 지냈겠지? 식사 끝나면 좀 쉬었다 같이 산책하세!"

"네, 신부님도 건강하시죠?"

"그럼, 나야 기도생활 외에는 별다른 일을 맡은 게 없으니…."

수도자와 음악가 그리고 나는 수도원에서 6km쯤 떨어진 '가실佳室성당' 앞마당으로 들어갔다. 성당 첨탑을 에워싼 파란 하늘빛이 눈이 시리도록 맑고 투명했다. 사람은 없었다. 시골 성당의 뒤쪽 대나무 숲에서 전해오는 바람소리만

귓가에 닿았다. 사제관 문은 꽉 잠겨 있었고, 큰 털복숭이 삽살개와 잘생긴 골든리트리버가 철망 안에서 낯선 인간들을 쳐다보며 꼬리를 좌우로 흔들어댔다. 내가 철망 위에 손을 얹자 녀석들은 두 발로 일어서서 혓바닥으로 핥았다. 7년 전, 어느 산골에서 동고동락했던 셰퍼드 '마르코'가 생각났다.

성당 문은 열려있었다. 신발을 신은 채 제대 쪽으로 조심스레 걸어간 김 신부는 오른손으로 성호를 긋더니 주기도문을 나직하게 외우기 시작했다. "하늘에 계신 우리 아버지, 아버지의 이름이 거룩히 빛나시며…." 음악가와 나도 비슷한 소리를 내봤지만 어설펐다. 수도사의 발음은 매끈하게 이어졌으나 두 남자의 음성은 부자연스럽게 뚝뚝 끊어졌다. 두 세속인은 어색한 미소를 교환하며 성당 내부를 이리저리 살펴보았다. 하얗게 칠해진 벽과 형형색색의 스테인드글라스, 검은 나무기둥들, 천장에 매달린 샹들리에, 손풍금 등….

"1923년 프랑스 신부가 지은 성당이야. 벽면에서 천장으로 이어진 곡면을 보니 로마네스크풍이네. '가실'이라는 명칭은 '아름다운 집'이라는 뜻이지. 지금도 우리 수도원 신부가 주일미사를 올리는데 전국에서 신자들이 제법 찾아온다네. 예전에는 박해를 피해 옹기를 구우며 신앙생활을 지켰던 성소였는데 요즘은 관광지가 된 것 같아. 세상 참 많이 변했지….”

씁쓸한 웃음을 머금은 수도사와 함께 우리는 성당 밖으로 나왔다. 포도주와 식재료를 보관했음직한 창고와 조그만 양철지붕을 쓴 우물이 고스란히 보존되어 있었다. 빛바랜 붉은 벽돌 성당과 잘 어울려 보였다. 문득 몇 년 전에 읽었던 조르주 베르나노스의 소설 『어느 시골 신부의 일기』에 묘사된 장면들이 내 머릿속을 메웠다. 프랑스의 가난한 농촌마을, 외롭게 서 있는 작은 성당, 농부들의 오해와 갈등 속에 방황하는 신부의 모습 등. 그 옛날 이 성당을 지켰던 젊은 프랑스 신부도 비슷한 체험을 한 것은 아닌지 나는 고개를 가로저었다.

다시 수도원으로 돌아왔을 땐 옅은 어둠이 깔렸다. 저녁기도시간이 가까워지자 성당 안을 파이프오르간 소리가 은은하게 메우고 있었다. 낮기도 때와는 달리 몇몇 신부들이 하얀 가운을 걸치고 입장했다. 기도와 미사가 연달아 진행되는 것 같았다. 신자들의 좌석에는 낮에 보이지 않던 수녀 열댓 명이 앉아 있었다. 주례신부의 미사통상문 독송에 맞춰 수도자들은 응송으로 받았다. 낮기도 때처럼 일제히 일어섰다, 앉았다, 상체를 90도로 숙이기를 반복하면서! 나는 이런 동작들을 똑같이 따라 하기가 지루하고 힘들었다.

"주님을 찬미하여라, 영원히 살아계신 하느님께서 믿음과 평화를 내려주시고, 우리 죄를 용서하시고 구원해 주소서, 주님의 사랑은 영원하시며, 예수께서 교회를 세우고 복음을 전해주셨으니, 우리는 감사드립니다. 신앙의 신비는 생명과 부활을 선사하며…."

미사 중에 사용된 단어와 문장들이 공허하게 들렸다. 왕년의 신문기자 버릇을 떨쳐버리지 못한 나는 미사통상문을 몇 개로 요약해 본 것이다. 한심한 행동이었지만 나의 원초적인 그리스도교 교리에 대한 불신앙이 초래한 것을 어쩌랴. 그들의 하느님께서 나의 행동을 관찰했다면 안타깝게 꾸짖었으리라.

"이놈아, 신앙심 좀 가져라."

사랑
- 길찾기

가출은 어렵지 않았다. 투명한 햇살이 쏟아지던 2004년 5월 초, 나는 집을 떠났다. 가족들과 작별의 예식은 없었다. 20년간 몸담았던 그 직장에 대한 미련은 확실하게 쫓아냈다. 모든 인연들과 맺어진 정은 가슴속에 단단히 파묻었다. 나는 책 몇 권과 갈아입을 옷 몇 벌만 승용차에 싣고 도시에서 가능한 멀리 떨어진 산골 암자로 향했다. 대낮 도주였다.

법당 옆에 붙은 세 평 남짓한 골방은 아늑하고 조용했다. 나는 그곳에서 낮과 밤을 가리지 않고 잠만 잤다. 이른 새벽과 저녁나절에 들리는 장엄한 예불소리조차 나의 수면을 흔들지는 못했다. 염치없는 잠은 계속됐다. 일주일쯤 지나자 주지 스님이 퉁명스럽게 나의 방문을 노크했다. 부스스한 몰골로 문을 열자 스님은 다짜고짜 방 안으로 들어와 털썩 앉았다.

"처사님, 이제 그만 일어나 예불도 참석하고 뒷산으로 산보도 좀 하세요."

"…."

스님의 눈빛에는 안쓰러움이 비쳤다. 그러나 나무라는 표정은 아니었다. 내가 신문사 일에 지쳐 잠시 휴식을 취하러 온 것으로 생각하는 듯했다. 나는 아무 말도 하고 싶지 않았다. 그저 평화로운 수면 상태가 좋았을 뿐이었다. 잠시 침묵이 흘렀다. 스님은 정돈되지 않은 나의 방을 쭉 훑어보며 슬며시 자리에서 일어났다. 그때 가늘고 어색한 목소리가 귓전을 울렸다.

"절집 선방에 카사노바라…."

나는 깜짝 놀라 스님 얼굴을 쳐다보았다. 그의 시선이 방 한구석에 놓여 있던 카사노바의 자서전 『불멸의 유혹』에 닿아 있었다. 당혹스러웠다. 더구나 책표지에는 벌거벗은 여인의 엉덩이가 에로틱하게 드러나 있는 것이 아닌가. 왠지 선방의 기운을 혼탁하게 만든 기분이었다. 창피했다. 하지만 스님은 책을 태연하게 펼쳐들고 있었다.

"죄송합니다. 밖에서 읽고 있던 책이라 그냥 딸려 온 것 같습니다."

"별말씀을…. 호색한에게도 나름대로 소중한 사랑은 있는 법이오."

성聖과 속俗의 경계를 허무는 듯한 일갈一喝이었다. 나는 얼른 책을 가방 속에 넣어버렸다. 하필이면 희대의 난봉꾼이 쓴 자서전이 여자와 담을 쌓은 수도자의 눈에 띌게 뭐람! 그때 법당의 독경소리가 방 안으로 밀려들었다. 나는 반듯한 자세로 앉아 '예불대참회문'을 읽기 시작했다. 하지만 불경스럽게도 우주적 농담으로 들릴 뿐이었다.

산사의 밤은 무거웠다. 그러나 나의 몸과 정신은 가벼웠다. 일주일 내리 수면의 늪에 빠진 덕분이리라. 신심 깊은 사람이라면 그때부터 철야기도나 명상에 들어갈 것이다. 캄캄한 골방에는 답답한 침묵만 꽉 메우고 있었다. 나는 누워서 창호지 문을 밀어젖혔다. 허연 초승달이 나의 게으른 얼굴에 내려앉았다. 그 틈새로 적막의 기운이 권태로운 공허로 밀려들었다.

고립무원孤立無援이었다. 오십에 길을 나선 사내의 가슴은 외롭고 쓸쓸했다. 누군가에게 말을 걸고, 또 말을 듣고 싶었다. 침묵과 수다! 이 무슨 원초적 변덕이란 말인가. 잠은 자꾸만 멀어지고 생각은 가방 속에 든 카사노바에게로 향했다. 평생 쾌락만 좇은 그의 에로스 향연이 한밤의 우울함을 떨쳐버리게 할 수 있을 것 같았다. 나는 쾌활해지고 싶었다.

과연 카사노바는 연애의 달인이었다. 여인들을 파괴하지 않으면서 정복하는 능력, 타락하지 않으면서 유혹하는 기술은 세헤라자데Scheherazade가 펼치는 천일야화千一夜話를 연상케 했다. 나는 오랜만에 이틀 낮밤에 걸쳐 900페이지에 달하는 두툼한 책을 끝까지 읽었다. 그런데 마지막 장을 덮자 허무했다. 핏속에 불꽃이 튀는 듯한 에로스가 한순간에 멀겋고 맛없는 죽이 되고 말다니!

남근이 발산하는 정력에 의존했던 카사노바의 사랑 오디세이는 오십에 종말을 고한 것이다. 호기심이 고개를 쳐들었다. 그렇다면 다른 사랑은? 나의 러브스토리 훔쳐보기는 그때부터 다른 연인들을 향하고 있었다. 하지만 선방에서 이런 독서를 계속할 수는 없었다. 그렇다고 집에서 로맨스소설을 붙잡고 있는 꼴은 더더욱 가당찮게 생각되었다. 신분증이 '오십 백수'가 아닌가.

나는 고교시절 이후 한 번도 읽지 않고 책꽂이에 모셔놓았던 세계명작 오십 권과 함께 또다시 도시를 탈출했다. 늦은 오후 도착한 산중턱 마을은 인기척이 없었다. 10여

채의 낡은 시골집들은 대부분 텅 비어있었고, 누런 똥개 두 마리만 좁은 골목길을 어슬렁거렸다. 유배지 같은 산골은 해가 떠 있어도 을씨년스러웠다. 나는 재빨리 집으로 들어가 녹슨 철 대문을 잠갔다.

방에는 작은 책상만 덩그러니 놓여 있었다. TV는 없었고, 휴대폰은 통화불능이었으며, 인터넷도 연결되지 않았다. 완벽한 고립이었다. 소설책 읽기와 산책, 책상에 앉아 음식 삼키기, 끝없는 잠의 나락那落, 나의 일상은 그것뿐이었다. 가끔 얼굴에 저승꽃이 만발한 이웃집 할머니가 대문을 두드렸지만 집 안으로 들어오는 것은 허락하지 않았다.

나의 유일한 대화상대는 로맨스소설 속의 인물들이었다. 그들이 펼치는 어색한 구애와 낭만적 사랑의 순간들, 그리고 슬픈 이별의 파노라마를 지켜보며 나도 따라 웃고, 흥분하고, 안타까워했다. 연인들은 마치 '사랑이란 이런 거야!' 라고 속삭이며 행동하는 것 같았다. 영화나 TV 드라마 속의 러브스토리와는 딴판이었고, 수많은 연애론과 사랑 에세이들도 그들과는 무관했다.

러브스토리의 캐릭터들도 각양각색이었다. 소설의 주인공에서, 소설을 쓴 작가로, 시인으로, 화가로, 음악가로, 사상가로, 심지어 성직자로 바통이 넘겨졌다. 그들의 사랑방정식은 예술의 여러 형식들처럼 확연히 달랐다. 시대와 공간도 길고 넓게 확장되었다. 중세의 사랑은 고딕성당처럼 무겁고 웅장했으며, 현대의 사랑은 자유롭고 현란하게 느껴졌다. 내가 판독한 그들의 에로티시즘은 경이로운 시편이자 신비스런 그림이었고 절망적인 퍼포먼스였다.

중세 가톨릭의 신부神父였던 아벨라르와 수녀修女 엘로이즈의 사랑은 종교적 금기를 위반했지만 후세에 성스러운 꽃으로 피어났다. 지금 그들은 프랑스 파리의 '페르 라세즈' 공동묘지에 불경스럽게(?) 합장되어 있다. 70대 노인 괴테와 10대 소녀 울리케와의 사랑은 꼴사나웠지만 솔직하고 너그러웠다. 신하 보스웰과의 사랑 때문에 단두대에 목을 내놓았던 스코틀랜드 여왕 메리 스튜어트의 로맨스는 부주의하고 위험했다. 스페인의 요부 카르멘의 사랑은 교활하고 자극적이었으며, 프라하의 외톨이 카프카의 사랑은 어둡고 쓸쓸한 풍경화였다.

피아노의 시인 쇼팽과 남장의 여류 소설가 조르주 상드의 사랑은 아련한 엇박자 연주로 끝났고, 오만한 로댕을 미치도록 사랑한 카미유 클로델은 참혹한 정신병원에서 40년간 증오의 조각상을 새기며 무덤으로 걸어갔다. 20세기 큐비즘을 이끌었던 스페인의 화가 파블로 피카소의 사랑은 음탕하고 난잡하고 소란스러웠으며, '러시아의 장미' 갈라를 사랑한 살바도르 달리는 화폭 위에서 초현실적인 마술을 부렸다. 사르트르와 계약 결혼한 시몬 보부아르는 미국의 소설가 앨그렌과 17년에 걸쳐 사랑과 그리움의 줄다리기를 했으며, 가브리엘 마르케스는 『콜레라시대의 사랑』에서 청춘의 로맨스에 주술을 걸고 노년의 가물거리는 로맨스를 해피엔드로 둔갑시켰다.

사랑의 실패자 스탕달은 쥘리앙의 불가능한 사랑을 권총으로 끝장냈고, 크루아세의 은둔자 플로베르는 권태와 허영을 사랑으로 바꿔보려는 엠마 보바리를 비소로 죽여버렸으며, 사랑의 파괴자 톨스토이는 안나 카레니나의 정숙하지 못한 사랑을 철길 위에서 싹둑 잘랐다. 영원한 과대망상가 발자크의 사랑은 허풍과 뻔뻔스런 무례함이 곳곳에 배어있었다. D. H. 로렌스의 채털리 부인의 사랑은 육감적이었지만 용감하고, 싱싱했으며, 방랑시인 릴케와 화가 리사르트와의 짧은 사랑은 영롱하고 아름다웠다.

『프랑스 중위의 여자』의 작가 존 파울즈는 사랑의 삼각관계를 힘겹게 헤쳐 나왔고, 시인 원제를 사랑한 중국의 여류작가 다이 허우링은 세상의 몰이해에 사납게 분노했다. 우즈강에 스스로 몸을 던진 버지니아 울프와 열 살 연하의 비타 섹빌 웨스트와의 동성연애는 은밀하고 불온했으며, 도발적이었다. 애인의 배신에 낙담하고 남편의 죽음 앞에서 화해하는 서머싯 몸이 창조한 여인 키티의 사랑은 『인생의 베일』처럼 낯선 무늬 같았다.

어느새 겨울이 성큼 다가왔다. 산골의 바람은 매서웠다. 연일 수은주는 영하 10도 아래를 가리켰다. 나는 에로스의 향연에 빠져 겨울 준비조차 잊고 지냈던 것이다. 확실히 그 잔칫상은 치명적인 매력이지만 주인공들의 운명은 비극이었다. 굶주림에 허덕이다 포식에 불안해하고, 불경스럽게 아우성치다가 장엄하게 퇴장하는 한 편의 연극처럼! 그리고 사랑의 화신들의 리드미컬한 삶은 나의 것이 될 수 없었다.

겨울나기가 두려웠다. 뒤돌아보니 인간조직에서 이탈해 홀로 무위도식한 지 1년을 넘기고 있었다. 나는 하산을 결심했다. 반겨줄 사람도 없고 갈 곳도 정해지지 않았지만 읽은 책들을 다시 라면박스에 차곡차곡 포개 넣었다. 세어보니 100권 남짓했다. 그새 오십 권이나 불어나 있었다. 신명났던 책 읽기를 멈추니 갑자기 피로감이 엄습했다. 나는 장작 난로에 불을 피우고 이른 오후의 낮잠을 청했다.

비몽사몽간에 어떤 여인이 나타났다 금세 사라졌다. 마

치 영화의 한 장면처럼 생생했다. 졸리는 눈꺼풀을 겨우 뜨니 꿈이었다. 나는 지난 1년간 픽션과 논픽션, 팩션 속의 여주인공들 외에는 어떤 여자들과도 인연을 맺지 않았다. 상상의 로맨스만으로도 내겐 충분했던 것이다. 머리를 흔들어 몽상을 지우고 다시 잠 속으로 빠져들었다. 그런데 꿈결에 또 그녀가 나타났다. 나는 무작정 여인을 쫓다가 그만 깨어나고 말았다.

"도대체 그 여인은 누구일까? 왜 꿈속에 두 번이나 연달아 나타났을까? 참으로 요상한 꿈이로군!"

나는 이리저리 몸을 뒤척이며 생각을 모아보았으나 해몽은 불가능했다. 어느새 황혼의 노을빛이 창문을 물들이고, 장작 타는 소리가 따뜻하게 귓전을 맴돌고 있었다. 이마에서 땀방울이 흘러내리고, 머리가 뒤숭숭했다. 나는 꿈속의 여인을 빨리 지우고 싶었다. 벌떡 일어나 두꺼운 등산복을 걸치고 대문 밖으로 나갔다. 차갑고 마른 공기가 폐부로 스며들자 온몸이 개운해지기 시작했다.

해발 6백여 미터의 산길은 도시인들에게는 가끔 오를 수 있는 등산로쯤 되겠지만 내겐 매일 거닐던 산책로였다. 현실의 생동감이 사라져버린 일상, 책읽기의 무중력감이 밀려들 때마다 나는 이 오솔길을 걷고 또 걸었다. 어떤 날은 세 번씩이나 행려병자처럼 쏘다니기도 했다. 길섶에는 꿩들이 날아오르고, 노루들이 놀라 도망쳤으며, 산토끼들이 침입자를 빤히 쳐다보며 깡충깡충 멀어져 갔다. 이제 산짐승들과도 작별할 시간이 온 것이다.

산허리를 돌아 집으로 돌아오는 길은 허허로웠다. 서쪽 산마루에 얹힌 누런 해는 무거운 빛을 뿜고 있었다. 나의 발걸음은 점점 빨라졌다. 산길의 어둠은 갑작스레 내렸고, 숲의 정령들은 으스스했다. 세찬 바람에 부대끼는 노송들의 마찰음이 고막을 어지럽게 두드렸다. 늦은 산보였고 너무 멀리 갔던 것이다. 나는 앞만 보며 뛰기 시작했다. 양쪽 다리가 후들거렸다. 그때 어떤 물체가 따라오는 것 같았다. 하지만 뒤돌아보기가 무서웠다.

겨우 숲을 빠져나와 둑길에서 멈췄을 때 숨이 턱까지 차올랐고, 등골엔 땀방울이 흘러내렸다. 그제야 나는 정신을 가다듬고 숲을 뒤돌아볼 수 있었다. 순간 나는 두 눈을 의심하지 않을 수 없었다. 꿈속에 나타난 바로 그 여인이 저만치 숲에 서서 나를 바라보고 있지 않은가! 낯선 환시였다. 나는 얼른 고개를 반대로 돌려 줄행랑을 쳤다. 마을을 지나 집 문턱을 넘자마자 양쪽 대문을 잠그고 현관문도 걸었다.

두 번의 꿈과 한 번의 환시로 나타났던 불청객을 자꾸 마주치고 싶지 않았다. 여인은 집요했다. 그날 밤 꿈속에 또 발현한 것이다. 나는 체념한 듯 그녀를 찬찬히 뜯어보았다. 이십 대 처녀 같은 청순함과 오십을 넘긴 중년의 성숙함이 신비스럽게 섞여있었다. 호기심을 유발하는 매혹적인 얼굴은 아니었지만 우아함과 너그러움이 가득했고, 세파에 훼손되지 않은 기품이 엿보였다. 하지만 경계심은 늦추지 않았다. 대낮의 당혹감 때문이었을까?

“왜 자꾸만 내 앞에 나타나는 거요?”

“당신에게 할 말이 있어서….”

“해보시오. 어디 한번 들어나 봅시다.”

“당신이 읽은 책 속의 사랑이야기가 듣고 싶어서…또….”

“싫소!”

나는 말허리를 자르며 버럭 소리를 질렀다.

“이제 타인들의 로맨스엔 신물난다구요. 난 1년째 백수로 지냈소. 하루빨리 도시로 돌아가 밥벌이를 해야만 한단 말이오!”

부끄러웠다. 모르는 여인 앞에 초라한 신세타령을 하는 기분이었다.

"그만 물러가 주시오! 당신도 그 책들을 직접 읽어보면 되잖소!"

"말하기 싫으면 꼭 글로 남겨 주세요. 훗날 읽어보게…."

여인의 부드러운 목소리를 들으며 눈을 떴다. 머리맡에 놓인 시곗바늘은 다섯 시를 가리키고 있었다. 일어나기에는 조금 빠른 시각이었다. 산기슭에서 간간히 들려오는 고라니 울음소리가 새벽의 정적을 요란스럽게 흔들었다. 그 메아리 넘어 여인의 마지막 비나리도 함께 들려왔다. 또 글쓰기를 시작하라고? 나는 고개를 가로저었다. 그것만은 반복하고 싶지 않았다. 나는 20년간이나 매일 원고지를 메우는 신문기자로 생활하지 않았던가!

해가 중천에 떠올라 있었다. 새벽녘에 든 잠이 늑장을 부렸던 것이다. 입 안이 서걱거렸다. 아침 식욕은 전혀 일어나지 않았다. 책상에 앉아 커피만 홀짝거리며 어제 싸놓았던 책 박스들을 물끄러미 바라보았다. 현실의 열매를 맺지 못한 독서가 연기처럼 날아가는 것 같았다. 불임의 두려움이 아랫배를 세차게 발길질했다. 로맨스의 인연은 모질고 질겼다. 그들의 무덤 앞에서 선뜻 일어날 수조차 없었던 걸까? 나는 다시 박스를 풀어헤쳤다.

나는 꿈속의 여인을 쫓기 시작했다. 이 무슨 고약한 패러

독스란 말인가! 몰인정하게 쫓아버렸던 그녀를 다시 찾다니! 그날부터 나의 책상 위엔 원고가 차곡차곡 쌓여갔다. 가끔 글쓰기가 절벽에 부딪치고, 심연의 늪에서 옴짝달싹 못할 때 나는 절망적으로 뮤즈를 부르곤 했다. '디바! 디바!' 하지만 여인은 나타나지 않았다. 그렇게 1년의 세월이 또 흘렀다. 이름 모를 뮤즈는 원고지 위에서 우왕좌왕하던 나의 몽블랑 볼펜을 말없이 지켜보고 있었는지도 모르겠다. 그녀를 위한 씻김굿은 이제 끝났다.

독락당獨樂堂에서

겨우 눈을 떴다. 서쪽 창문에는 잿빛 어둠이 짙게 배어 있었다. 머리맡 탁상 시곗바늘은 6시를 가리켰다. 새벽의 정적이 방 안 가득했다. 2019년 1월 1일! 새해 첫날 아침이다. 머릿속 생각들이 방향 추를 잡지 못하고 흔들렸다. 지금까지 수십 번의 새해를 맞았지만 이처럼 뒤숭숭한 적은 없었다. 오늘부터 환갑 문턱을 넘는다는 나이 때문일까? 나는 지금까지 신체 나이를 의식해 본 기억이 별로 없다. 그런데 왜 이다지도 허허로울까?

며칠 전 불쑥 찾았던 옥산서원玉山書院 뒷마을에 자리한 독락당獨樂堂 풍경이 눈에 어른거렸다. 450여 년 전 그 오두막에 틀어박혀 지냈던 성리학자性理學者 이언적李彦迪의 일상이 궁금했다. 졸지에 실직당했던 이 중년 사내는 그 산골에서 무얼 하며 지냈을까? 나는 자리에서 벌떡 일어나 독락당으로 향했다. 차에 시동을 걸고 내비게이션을 작동시켰더니 거리는 70km, 소요시간은 1시간 30분으로 화면에 나타났다.

대구에서 안강으로 가는 국도는 텅 비어있었다. 푸른 하늘이 차갑게 비쳤다. 안강 읍내를 지나 10분쯤 달리자 국도변 신호기에 걸린 '옥산서원' 팻말이 보였다. 좌측으로 핸들을 꺾자 좁은 2차선이 아득하게 뻗어있었다. 2km쯤 되어 보이는 농로 끝자락에는 산등성이가 하늘에 닿아있고, 양편에는 겨울 평야가 황량하게 펼쳐졌다. 이탈리아 사진작가 앙드레 브레송의 흑백사진에서 보았던 쭉쭉 뻗은 가로수들이 헐벗은 채 추위에 떨고 있었다.

옥산서원을 낀 개울 양쪽에 수백 년 묵은 아름드리 나무들이 먼저 여행객을 맞았다. 바짝 마른 개울바닥을 서성거리는 한 늙은 사내를 보며 차를 몰아 독락당 앞 주차장에 도착했다. 겨울의 독락당은 차갑게 침묵하고 있었다. 솟을대문 좌측 상단에는 '李海轍이해철' 이란 문패가 달렸고, 그 아래에는 '보물 제413호 독락당' 이라는 돌비석이 박혀 있었다. 현재 소유주와 집의 가치를 알려주는 표식으로 짐작되었다.

대문을 넘어 이언적이 기거했던 양진암養眞菴까지는 서너 개의 작은 대문과 문턱이 놓여있었다. 왜 양반들은 자신의 거처를 바깥세상 인간들과 부드럽게 차단시켰을까. 요즘 유행하는 담장 허물기를 그들은 과연 어떻게 생각할지 궁금했다. 조선의 선비들은 대체로 대문 안에 지은 별채나 서당까지도 점잖게 분리시켰다. 거처의 독립과 어울림! 그들은 이 차별이야말로 삶의 정체성을 규정짓는 시작이라고 믿었을까.

독락당 끝자락 마당으로 곧장 걸어 들어갔다. 낮은 기와지붕 아래 '養眞菴양진암' 현판이 다소곳이 걸렸고, 'ㄱ'자로 꺾인 오른쪽에는 정자가 어깨를 맞대고 있었다. 마당 왼편에는 짙푸른 녹색 모자를 쓴 측백나무 한 그루가 손님을 맞았다. 나는 방문을 당겨보았으나 꽉 잠겨 있었다. 마당을 한 바퀴 돌아본 후 신발을 신은 채 정자 마루 위로 올라갔다. 마당 반대편 확 트인 산비탈에서 날아든 산새들의 지저귐이 얼어붙은 개울을 지나 귓전에 닿았다.

나는 정자 벽 상단에 걸린 현판 '溪亭계정'을 쳐다보며 40대 초반의 실직 '민정비서관' 이언적을 떠올려 보았다. 10평 남짓한 이 마루에서 그는 어떤 상념에 젖었을까? 그것도 7년의 세월을! 중년의 선비는 현판에 써놓은 것처럼 변치 않는 진리를 구축하겠다는 야심찬 계획을 꿈꿨을까? 아니면 그를 탄핵한 '민정수석' 김안로金安老를 저주했을까? 추측은 가능하나 확신은 들지 않았다. 다만 이 기간 동안 그가 남긴 몇몇 시부詩賦를 통해 짐작할 뿐이리.

> "평생 경전 연구에 뜻을 둠은/ 구차하게 명성과 이익을 추구함이 아닐세…/ 착하고 올바름을 밝히고…/ 마음을 다스리고 이치를 얻어 세상에 나가서는 충성과 의리를 지켰고…/ 운수(運數)가 다해 산에 와서는 영혼과 본성을 길렀네/ 어찌 삶이 굴곡졌다고 불쾌해하리오…/ 깊은 밤 일어나 앉아 기둥에 기대노라."

칠언율시七言律詩로 쓴 「산당병기山堂病起」를 대충 옮긴 것이다. 파직당한 조선의 다른 선비들이 남긴 내용과 별반 다를 바 없이 읽힌다. 요즘 상황으로 바꿔보자. "열심히 공부해 청와대 고위공직자가 된 것은 출세를 위한 것이 아니었네. 대통령께 충성과 의리를 지켰으나 권력투쟁에서 밀려나 경질되었네. 비록 실직자가 되어 한적한 시골에서 가슴을 추스르고 있으나 쩨쩨하게 신세타령은 하지 않으리." 진정 이런 심정뿐이었을까?

수필 형식을 빌린 「이로움을 말하는 입이 나라를 망친다」에는 정적을 향한 저주와 대통령께 올리는 충고로 가득하다. "간사하고 흉악한 인간이 가당찮게 높은 자리에 있다. 다투면서 배척하고, 이익을 추구하는 입에 감추어진 것이 사나운 짐승이고 독약이다. 그들은 정치를 어지럽히고 법률과 도덕을 무너뜨린다. 말을 뒤집고, 주장을 바꾸면서 온갖 거짓말을 끌어댄다. 경계하세요! 대통령님이시여. 한 번 그 입이 열리면 나라를 망하게 할 것입니다."

500년 전이나 지금이나 정치인들의 이전투구, 권좌에서 쫓겨난 자의 울분과 회한은 여전하다는 생각이 스쳤다. 나는 천천히 마당을 한 바퀴 돌아본 후 담벼락을 따라 개울가로 걸어갔다. 담장 밖에서 바라본 독락당은 바위 위에 걸터앉은 초당草堂같이 아담하고 정겨웠다. 멀리 눈이 시리도록 푸른 하늘 끝에 자옥산紫玉山 봉우리가 닿아있었다. 독락당 기와지붕이 차가운 겨울 태양빛에 반짝였다. 나는 순간 500년 전 풍광 속으로 빠져들었다.

이언적은 이 개울가에서 무시로 일어나는 분노와 좌절을 어떻게 추스르고자 했을까? 학문적 도반이자 훗날 '무극태극논쟁'을 벌였던 조한보曺漢輔에게 보낸 시문을 읽어보면 약간의 실마리를 찾을 수 있겠다.

“진리의 운행이 하늘에서 시작되니/ 만물 펼쳐져 꽃피는 봄이라/ 대지를 벗어나 어디에서 진리의 자취 드러나겠는가/ 하늘을 우러러 찬란한 별을 보노라/ 두 눈의 힘으로 멀고 가까움은 알지만/ 만물은 까닭 없이 참과 거짓을 숨기도다/ 납과 주석을 구별하지 않는다면/ 애석하도다! 세상 사람들의 속임수일 것이리라”

이언적과 조한보는 동시대 유학자였지만 인간과 우주, 사물에 대한 철학적 해석은 사뭇 다르다. 이언적이 주자학적 현실 긍정에 바탕을 둔 세계관에 초점이 맞춰져 있다면, 조한보는 불교적 노장철학에 기반을 둔 초월적 세계관에 몰입해 있다. 조선의 선비들이 삼라만상을 놓고 벌인 논쟁들이 중국산 담론에 기대다 보니 현실 논리에 사로잡힌 요즘 사람들에겐 다소 공허하게 들릴 수 있으리라. 이언적의 다음 서신을 뜯어보자.

“큰 근본과 밝은 지혜가 하늘에서 나오니/ 마음 가는 곳마다 변화를 보노라/ 중화(中和)에 손님과 주인 나뉜 것 같지만/ 동정(動靜)이 돌고 돌아 정해진 것 없다네/ 몸으로 살피는 공부는 끝내 실하지만/ 공허한 주장은 결국 참이 아닐세/ 세상에 있는 몸이 사물 거스를 수 없으니/ 도를 행한다면서 어찌 사람을 멀리 하리오"

짐작건대 이언적은 인간의 현실적 생존원리를 무시해서는 안 된다고 주장한 것이다. 그렇다고 일상의 초월성을 설파한 조한보의 논리도 간과할 수도 없었으리라. 이 주제는 역사 이래 인간에게 주어진 영원한 화두임에 틀림없다. 그래서 이언적에겐 7년간의 영혼을 건 모험이자 절절한 투쟁이었을지도 모른다. 꽃이 피고 잎이 지고, 눈 내리고 찬 바람 부는 독락당 앞마당을 바라보는 고독한 선비의 나날은 그렇게 흘러갔겠지….

1장 _ 시詩

1. 산당에 병이 일어(山病起)
평생 경전 연구에 뜻을 둠은
구차하게 명성과 이익을 추구함이 아닐세
善을 밝히고, 몸을 닦아 공자와 맹자처럼 되기를 바라고
마음을 다스리고 道(이치)를 보존하며 정주(程朱)를 흠모하네
道(이치)를 얻어 세상에 나가서는 충의에 의지했고

운이 다해 산에 와서는 영혼과 본성을 길렀네
어찌 삶이 굴곡졌다고 불쾌해하리오
깊은 밤 일어나 앉아 기둥에 기대노라

2. 주문공 무이오곡운에 붙이다(次朱文公武夷五曲韻)

남긴 글 흠모하여 깊은 뜻 얻었다네
진리 탐구는 옛적부터 산림에서 이뤄왔지
거문고 아양(峨洋) 곡조 그 누가 알리오
가슴속 순수한 도심을 몰래 어루만지네

3. 배우는 자에게 권함(勸學者)

학문은 모름지기 성인을 배움이니
성인의 업적은 떳떳한 도리일 뿐
본받을 언어 몇 권 참으로 표준이니
열심히 읽어 통하면 몸 다스릴 수 있으리

4. 망기당운에 붙이다(次忘機堂韻)

진리의 운행이 하늘에서 시작되니
만물 펼쳐져 꽃피는 봄이라
대지를 벗어나 어디에서 진리의 자취 드러나리오

하늘 우러러 찬란한 별을 보도다
두 눈의 힘으로 멀고 가까움 알지만
만물은 까닭 없이 참과 거짓 숨기도다
납과 주석을 분별 않는다면
애석토다 세상 사람 속임일세

큰 근본과 밝은 지혜가 하늘에서 나오니
마음 가는 곳마다 변화를 보도다
중화(中和)에 손님과 주인 나뉜 것 같지만
동정(動靜)이 돌고 돌아 정해진 것 없다네
몸으로 살피는 공부는 끝내 실하지만
공허한 주장은 결국 참이 아닐세
세상에 있는 몸이 사물 거스를 수 없으니
도를 행한다면서 어찌 사람을 멀리하리오

눈을 놀려야만 텅 빈 하늘 보는 것 아니니
땅을 가득 채운 청홍색 모두 봄이로세
기수 물 위에서 시 읊고 싶지만
뉘 알리오 물가에서 피리로 북극성 노래함을
천 갈래 파도마다 외로운 달 머금었고

온갖 경치 모두 진리를 담았네
공적 속에서 귀신 부림을 탄하노니
듣지 못했도다 도가 사람과 떨어져 있다는 말을
마음만 높이면서 큰 공이라 내세우니
온 세상 오랑캐와 막힘없이 통하겠네
천리 성벽 둘러 있어
수만 겹 궁궐 속 알 수 없고
온갖 예 갖춘 종묘에
수많은 관리가 뒤섞인 듯
밝은 덕으로 모든 것 다 펜다면
세상 고요해서 사나운 바람 없을 걸세

진리가 세상에 있지만
사물과 나, 정밀한 것과 거친 것이 저절로 통하네
내는 흘러 쉼 없고
바다는 넓어 끝없네
집집마다 해 뜨면 닭 울고 개 짖으며
곳곳마다 봄 깊어 흰 꽃 붉은 꽃 흐드러졌네
세상 주인은 누구인가
예나 지금이나 한가로운 태허옹(太虛翁)일세

1.이로움을 말하는 입이 나라를 망친다(利口覆 邦家賊)

왕실과 나라에 화가 되는 것은 멀리 오랑캐가 국경을 엿보는 것

간사하고 흉악한 자가 당치 않은 높은 자리에 있는 것

다투는 사이에 배척하고 불화하여 번갈아가며 해충이 되고 도적이 되지만

누르고 어루만지며 제압하고 복종시키는 방법이 있으니 이 또한 근심할 것이 없다

예측할 수 없는 재난을 어떻게 알 수 있으리

간사하면서 이익을 탐하는 입에 감추어진 것이 사나운 짐승이며 독약이구나

깨뜨리고 쪼개는데 이르지 않음이 없도다

처음에는 달콤하고 겸손한 말로 시작하므로 진실로 두려워할 만한 자취가 없으나, 정치를 어지럽히고 법도를 무너뜨리는 데까지 이르도다

세 치의 달콤한 혓바닥으로 절절하게 말 꾸밈이여

마음의 간사함을 춤추게 하고 교묘한 말로 영합하여 재잘대

는데

매번 말을 뒤집고 주장을 바꾸면서 번잡하게 이리저리 둘러대어 온갖 거짓말을 끌어낸다

잠깐 임금 곁에 붙으면 달기가 감주 같아 쉽게 임금 귀에 들어가서 옳고 그름, 선과 악이 뒤바뀌고, 흰 것과 검은 것, 깨끗한 것과 더러운 것이 뒤집히며, 어질고 밝은 사람을 붕당이라 모함하고 바르고 곧은 사람이 간사하고 거짓된 사람이 되어 봉황과 참새도 구분 못 하는데 누가 밝은 구슬과 율무 알을 살피겠는가

한갓 외적의 침입에만 대비하고, 나라 안에 큰 근심이 있음을 몰라서 군사력을 다해 변방에만 힘쓰며, 사나우리만치 국경 요새를 방비하며 성을 높이고 못을 깊이 파놓고 분수를 넘어 외적을 막으면서 임금의 발밑에 나라를 뒤엎을 수 있는 커다란 간흉이 몰래 숨어 있음을 알지 못하니,

공자의 말씀; 간사한 입을 가진 사람은 혀가 칼날 같아서 도를 무너뜨리고 이치를 훼손하여 임금을 어둡고 망령되게 하니

환란이 처음 싹트는 것이 여기에서 말미암지 않으리오

경계하라 임금 된 자여,

입에 단 말 하는 자를 버리는 데 의심하지 말지라

한 번 그 입이 열리면 나라가 망할 것이다

독락당과 계정

이언적은 1491년(성종 22년) 경주부 양좌촌(경주 양동마을, 경주에서 동북쪽으로 20km 위치)에서 장남으로 태어나, 을사사화로 유배되어 적소인 강계에서 63세에 사망했다.

한국 성리학의 기초를 다진 조선 전기 성리학자이다.

10세에 아버지가 사망해 외삼촌인 손중돈으로부터 학문적, 경제적 도움을 받았다.

낯선 길

"전 기자, 요즘 우째 지내노?"

"저야 산에서 잘 놀고 있죠."

"5년쯤 쉬었으니 이제 하산下山할 때도 되지 않았나?"

"보고 싶다는 사람도 없는데 굳이 내려갈 필요가…."

"내가 있잖나!"

K 선배의 굵직한 목소리는 10년 전, 신문사에서 책상을 맞대고 지내던 시절처럼 여전히 다정했다. 당시 그는 Y일보 문화부장이었고, 나는 차장으로 일하며 몇 년간 매일 기삿거리로 고민했던 사이다. 하지만 다툰 적은 거의 없었다. 그는 언제나 내 기사를 읽고 감탄했고, 특히 기획시리즈 기사들은 진심으로 격려해 주었다. 퇴근 후면 으레 둘이서 허름한 주막에서 정신이 몽롱해질 때까지 소주와 맥

주, 막걸리를 혼합해 가며 마셨다.

"내일 당장 내려와라. 자세한 것은 만나서 이야기하자!"

"알았심더."

오랜만에 청취한 K 선배의 목소리는 반갑기도 했지만 궁금증도 일어났다.

"뭣 때문에 만나자는 걸까?"

다음 날 정오 무렵, 나는 늦겨울의 찬바람을 맞으며 하산길에 나섰다. 2011년 2월 첫 금요일이었다. 그가 선택한 장소는 소읍小邑이나 다를 바 없는 G시의 옛 다방이었다. 문을 열자 중년 마담이 나를 맞았다.

"어서 오이소, 선생니임~ 저기 앉아 계신 사장님 만나러 오신 거지예~."

"그런데요."

그때 인기척을 감지한 K 선배가 고개를 문 쪽으로 돌렸다. 나는 상냥함을 덧칠한 여자의 인사말을 뒤로하고 구석 쪽으로 걸어갔다. 다른 손님은 없었다. 누런 고양이 한 마리만 연탄난로 옆에서 낮잠에 취해 있었다.

"오랜만에 얼굴 보니 반갑다. 잘 지냈제."

"저야 숲속에서 지내니 마주치는 사람 없고… 산천의 아름다움과 도인道人의 여유로움 사이를 왕복하다 보면 외톨이가 감당해야 하는 쓸쓸함도 잠시뿐이고… 어쨌거나 제 스타일에 딱 맞습니다."

"좋겠다. 하지만 나는 그렇게 못 산다."

잠깐 일상잡담이 조금 이어졌고, 선배는 본론으로 들어갔다.

"다음 달부터 S재단에서 주관하는 페스티벌 총괄업무를 맡게 됐다. 같이 일해보자. 너 알다시피 난 문화행사에 대해선 젬병이잖나. 축제 프로그램과 진행을 맡아주면 나머지는 내가 알아서 처리하마. 오케이?"

"글쎄… 난생 처음 접하는 분야라. 잘 진행할지 모르겠는데요."

선배의 이야기는 부탁이 아니라 통보였다. Y일보에서 20년간 동고동락했던 K 선배는 나의 독특한 문화적 성향과 업무능력을 잘 알고 있다는 듯 자신만만했다. 하지만 20년 글쟁이에겐 모험이자 도전이다. 축제는 뇌와 펜으로 마감되는 것이 아니라, 인간들의 난장이 벌어지는 현장에서 성패가 갈리는 이벤트일진대.

"일단 알겠습니다만…."

"걱정 마라. 잘 될 끼다."

한 달 후, 나는 오래된 겨울 정장을 입고 S아트피아 건물

안 재단 사무실로 들어갔다. 10평 남짓한 공간에는 남녀 직원들이 책상 앞 컴퓨터 화면을 쳐다보고 있었다. 아침 9시가 조금 지났는데, 꼴찌 출근한 셈이다. K 선배만 신문을 펼쳐들고 있었다. 신문사 문화부 시절이 생각났다.

"거기 앉아라. 네 자리다."

K 선배 맞은편 책상이었다. 그때 사무실 직원들의 눈길이 일제히 나를 향했다. 낯설고 겸연쩍었다. 외톨이가 군중 속에 던져진 기분이랄까?

"20년간 신문사에서 같이 일했던 후배입니다. 앞으로 잘 도와드리세요."

사무실에는 구청에서 파견된 행정공무원 3명과 재단직원 1명, 축제 전담 임시직 2명이 앉아 있었다. 여성이 남성보다 많았다. 나를 맞이하는 그들의 눈빛에는 반가움보다 경계심이 가득했다. 인사가 끝나자 선배는 옆방으로 나를 안내했다.

"K 국장 어서 오게… 자네와 함께 일할 분인가?"

"네…."

"재단 상임이사님이다. 인사드려라. 몇 달 전까지 은행 부행장이셨단다."

선배의 말이 끝나자 그는 자리에서 일어나 내게 악수를

청했다.

"처음 뵙겠습니다. 전**입니다."

"K 국장으로부터 말씀 많이 들었어요. 왕년에 잘나가던 문화전문기자였다고."

그때 한 여직원이 세 잔의 커피를 조심스레 테이블 위에 놓고 나갔다. 우리는 접대용 소파에 앉아 커피를 한 모금씩 마셨다. 하얀 와이셔츠에 파란 넥타이를 맨 그가 먼저 말문을 열었다.

"은행은 고객이 왕이지요. 그래서 항상 직원들에게 고객을 황제처럼 모시라고 강조했습니다. 예술분야도 마찬가지예요. 고객이 최우선이지요. 고객 없는 예술은 살아남지 못합니다."

그럴싸하게 말했지만 공허하게 들렸다. 나는 '아니오'라고 대꾸하고 싶었지만 꾹 참았다. 지방은행 부행장으로 근무하다 어떤 사연으로 퇴사한 '뱅크 맨bank man'(그의 표현)의 영혼은 아직도 은행빌딩 안을 배회하는 듯했다. 나는 창밖으로 눈길을 돌렸다. 잿빛 하늘 아래로 진눈깨비가 흩날리고 있었다.

"어찌 뭇 사람들의 취향에 따라 예술이 장단 맞춰야 한단 말인가. 자고로 천재들의 온갖 아우성이 문학의 언어고

미술의 형상이며 음악의 선율일진대. 물론 대중의 트랜드가 가끔은 예술의 옷을 입을 때도 있겠지만. 그건 어디까지나 유행이지 진정한 문화나 예술이 될 수 없으리."

30여 년간 돈다발 부풀리기에 매달렸던 이 사람의 갑작스러운 위치 변경은 부자연스러워 보였다. 이후 그가 토해낸 '은행찬가'와 '문화잡설'은 마치 조선시대 하인에게 양반 모시적삼을 입힌 꼴이라고나 할까. 머릿속이 흔들렸고, 속이 메스꺼웠다.

출근한 지 일주일이 지나자 축제팀 보고회가 아트피아 회의실에서 열렸다. 상임이사, 축제감독, 아트피아 관장, 구청문화체육부장, 그리고 K 선배와 내가 참석했다. 회의는 재단에 파견된 구청공무원의 사회로 진행되었다.

"먼저 상임이사님의 인사말이 있겠습니다."

"반갑습니다. 지난 주 K 국장과 전**부장이 축제팀에 합류함으로써 멤버 구성이 다 짜여진 것 같습니다. 각자 맡은 분야에서 최선을 다해주시기 바랍니다."

예전 기자시절, D시의 간부회의 장면이 떠올랐다. 행정조직의 관례적인 자리배치, 회의 순서, 오고 가는 말투들! 다음으로 축제감독 H의 보고가 이어졌다. 어린이 인형극을 주로 제작했던 그는 이전에 나와 안면을 튼 사이였다.

항상 눈웃음치던 그였지만 지금은 그늘이 드리워져 있었다. 의아스러웠다.

"이번 축제는 2011 세계육상선수권대회를 기념하는 국제적인 행사입니다. 그래서 지역 아마추어공연팀의 실력을 세계인들에게 보여주는 자리가 되어야 할 것입니다. 이를 위해 K 국장과 전**부장은 신문사 경력을 살려 홍보에 전념해 주시면 되겠습니다. 다른 것은 모두 제가 맡아서 하겠습니다."

상임이사와 문화체육과장은 머리를 아래위로 끄덕였고, 아트피아 관장은 한낮의 졸음에 절어 고개를 아래로 축 늘어뜨리고 있었다. 나는 순간, H 감독의 얼굴에 내려앉은 그늘이 무엇을 뜻하는지 직감했다. K 선배와 나를 이번 축제행사 실무에서 배제시키려는 의도가 숨어있었던 것이다. 나는 옆에 앉은 K 선배에게 양해를 구하고 발언 기회를 달라고 사회자에게 말했다.

"여러분과 함께 S축제팀에서 일하게 돼서 반갑습니다. 그리고 이번 축제가 세계 각국의 선수들과 관광객들을 염두에 둔 국제행사인 만큼 최선을 다하겠습니다…. 다만 H 감독의 제안은 받아들일 수 없습니다. 왜냐하면 홍보는 홍보팀의 업무이지 제가 맡은 일이 아니죠. 저는 앞으로 축제 행사 기획과 진행에 전념할 생각입니다. 애초 그 일을 맡아 달라는 요청으로 이 자리에 온 것입니다."

옆에 앉은 K 선배가 내 손을 지그시 잡으며 싱긋 웃었다. 반면 H 감독을 비롯한 나머지 참석자들은 당황한 표정이 역력했다. 입을 꾹 다문 H의 얼굴은 딱딱하게 굳어있었다. 다음 발언자는 없었고 회의는 끝났다. 나는 가슴속이 후련했다.

"잘했다. 한잔하러 가자."

K 선배 역시 나와 같은 생각이었던 것이다. 둘은 사무실을 빠져나와 옛날에 드나들던 단골 선술집으로 향했다. 주모酒母는 손님의 의사도 묻지 않은 채 소주와 맥주, 마른안주부터 내놓았다. 선배는 익숙한 솜씨로 맥주잔에 폭탄주를 제조해 내게 건넨 후 '간바이'를 외쳤다. 오랜만에 삼키는 술맛은 쌉싸름했다.

"심청아~ 너도 잔 들고 이리 와라. 전 기자가 오늘도 한 건 했다. 같이 한잔하자."(선배는 주모를 항상 심청이라 불렀고, 나는 그 사정을 지금도 모른다.)

"당근~ 저도 오랜만에 전 기자님 만났는디."

심청은 재빠르게 선배 옆자리에 앉았다. 희멀건 형광등 불빛에 비친 그녀의 얼굴은 푸석푸석했다. 술꾼들의 주정과 알코올이 할퀴고 간 흔적처럼 보였다. 마흔을 훌쩍 넘긴 심청의 얼굴은 여느 주모처럼 삭아 들어가고 있었다. 순간 가슴이 뜨끔했다. 나도 예전에 그녀 얼굴의 아름다움을 지우는 데 동참했던 것은 아니었는지.

"뭐 하고 있어예. 빨리 마시고 한잔 주이소. 참 그동안 어디서 무슨 일 하고 지냈어예. 몇 년 동안 한 번도 나타나지 않고."

"산속에서 도道 닦느라 저잣거리로 나오지 못했지."

"어머나 조금 있으면 사리舍利 구경하겠네. 호호호."

그때 K 선배 술잔이 내 앞에 놓였다. 여전히 맥주와 소주를 섞은 기타 제조주였다.

"심청아, 이제 그만하고 다른 손님한테 가봐라. 저놈은 우리와 많이 다르잖나. 둘이서 할 이야기도 있고."

선배는 나와 둘이서만 술잔을 기울이고 싶었던 것이다. 우리 테이블에는 벌써 빈 맥주병과 소주병이 쌓이기 시작했다. 창밖에는 어둠이 짙게 깔렸다. 몇몇 다른 자리에도 퇴근한 술꾼들의 소란스런 잡담이 만개하고 있었다. 6~7년 전의 익숙한 풍경이 펼쳐졌다.

"산천山川은 의구하되 인걸人傑은 그대로네."

고교 시절 읊었던 한시漢詩가 생각났다. 뒤 구절은 반대로 비틀었지만!

"오늘 회의 때 네가 한 말 멋졌다. 안 그랬으면 내가 한마디 하려고 했는데 대신 해줘서 고맙다. H 감독 그놈 우리가 신문사 나왔다고 우습게 보는 것 같더라. 이번 축제 혼자 말아먹으려고 작정한 것 같은데 어림없는 소리다. 혼 좀 내줘라."

"동감입니다. 두고 보이소. 왕창 뒤집어 놓을 테니까."

둘은 다시 신문사 시절 이야기를 안주 삼아 킬킬거리며 술잔을 교환했다. 언제나처럼 막걸리로 술판을 마감할 즈음 중년을 훌쩍 넘긴 낯선 사내가 내 옆자리에 앉으며 나직하게 질문을 던졌다.

"혹시 전** 기자 아니세요."

"맞는데요."

"하하하, 내 그럴 줄 알았지. 제대로 맞췄네. 허허허."

머리카락이 절반쯤 사라져 버린 남자는 마치 오랜 친구 사이라도 되는 양 연신 헛웃음을 흘리며 옆에 눌러앉았다. 그는 혼자 이곳에 온 것이었다.

"S구청 이** 국장입니다. 찾느라 혼났네. 아무튼 악수나 합시다."

"그런데 무슨 일로 저를 찾은 건지."

"말도 마이소. 오늘 축제회의에 참석한 사람들이 몽땅 제 사무실로 몰려와 전** 기자님과 함께 일 돗 하겠다고 항의했습니다. 당장 내쫓지 않으면 이번 축제 망치겠다며 걱정하더군요."

"그럼 제가 그만두면 되겠네요. 내일 가서 잘 해결됐다고 국장님께서 전달해 주이소. 나도 그놈들 꼴 보기 싫으니까."

앞에 놓인 술잔을 단숨에 비운 나는 자리에서 벌떡 일어났다. 그때 선배가 제지하고 나섰다.

"앉아봐라 전 기자. 한 잔 더 해야지. 성질 급하긴. 국장님 죄송합니다."

나는 자리에 앉았다. 이 광경을 지켜보던 이** 국장은 큰 소리로 껄껄거리며 술잔을 내게 건넸다.

"전 기자님 역시 소문대로군요. 오늘 회의 때 일어난 내용 대충 들었어요. 난 그런 스타일이 좋습니다. 그 정도 확신이라면 이번 축제는 잘될 것 같다는 생각이 듭디다. 사실 S축제는 창설 때부터 제가 맡았던 행사였습니다. 괜찮아요. 저도 감이 있어요. 오늘부터 전 기자 밀어 드릴테니… 하하하."

세 사내는 밤늦게까지 알코올로 의기투합했다. 다만 이**

국장은 나의 거칠고 직설적인 성향을 조금 부드럽고 유연하기를 우회적으로 부탁했다. 상대가 맘에 들지 않는다고 너무 몰아붙이고 무안을 주면 반드시 역풍이 불어온다는 것이다. 지당한 말씀. 평소 기분 완급 조절이 잘 안 되는 내 스타일엔 어울리지 않지만! 그가 35년간 공무원 생활을 하며 익힌 처세술로 비쳤다.

다음 날 아침 9시가 지나서야 눈을 떴다. 나는 선배에게 늦게 출근하겠다고 메시지를 보낸 후 다시 드러누웠다. 뒤섞어 마신 알코올이 내란을 일으킨 것이다. 차가운 '삼다수'를 연신 마셨지만 속은 메스꺼웠고 뒤통수가 지끈거렸다. 휴대폰이 방바닥에서 덜덜거렸다. 선배의 답변이었다.

"사무실 안 나와도 된다. 오늘 일은 내가 처리할게."

나는 아예 휴대폰 전원을 끄고 잠 속으로 도망쳤지만 얼굴을 쪼는 대낮의 햇살 공세에 항복하지 않을 수 없었다. 정오를 조금 넘긴 시간이었다. 두통과 위장의 소란은 진정 국면으로 들어선 듯했다. 임시 서식지인 다세대 주택 2층 계단을 내려오는 발걸음은 힘없이 휘청거렸다. 나는 동네 식당에서 전주콩나물해장국을 반쯤 삼킨 후 S구청으로 차를 몰았다.

"전 차장 오랜만일세. 페스티벌 업무는 잘 돼가나. 근데

공무원들과 호흡 맞추기가 쉽지 않을 걸세."

S재단 이사장인 L 구청장은 나를 신문기자 시절 10여 년 직함인 '차장' 으로 불렀다. 구청장실은 상임이사실보다 3배쯤 넓었고, 입구에는 비서실이 따로 있어서 행정권력의 딱딱함이 배어있었다. 그도 TV 화면에 등장하는 정치인이나 법조인들처럼 검푸른 정장에 하얀 와이셔츠의 무미건조한 패션이었다. 그동안 둘 사이에 특별한 관계나 인연은 없었다. 다만 이번 축제에 선배의 러닝메이트라는 사실은 이미 알고 있었을 것이다.

"청장님, 축제 프로그램 선정을 두고 H 감독과 의견 차이가 큽니다. 둘 중 하나를 선택해 주셨으면 좋겠습니다."

"서로 양보하며 조율할 수는 없겠나."

"불가능할 것 같습니다. 이번 축제는 세계육상선수권대회를 기념하는 문화행사임에도 불구하고 H 감독은 지역 아마추어팀들의 공연놀이판으로 짜고 있습니다. 과연 세계인들이 호응할까요?"

그제서야 호기심 어린 구청장의 눈빛이 나를 향했다.

"그럼 대체할 만한 프로그램을 말해보게."

"우리나라 전통 공연을 무대에 올려야지요. 그래야 외국인들도 관심을 갖지 않겠습니까."

"어떤 공연을 올릴 셈인가?"

"일주일쯤 시간을 주십시오. 최고의 공연팀을 섭외해 보겠습니다."

"알았네. 기대해 보겠네."

나는 구청장실을 빠져나와 곧바로 선배에게 전화를 걸었다.

"술 좀 깼나. 하루 집에서 푹 쉬라고 했는데… 또 밖으로 나왔구나."

"조금 전 구청장을 만나 프로그램과 관련해 중요한 이야기를 나눴습니다."

"그래? 퇴근 후 어제 그 술집에서 보자."

주막은 이미 열려 있었다. 혼자 TV를 보던 심청이 나를 보자마자 벌떡 일어나 주방으로 걸어갔다. 잠시 후 김치와 마른 멸치, 오이 그리고 불로막걸리를 상 위에 올려놓았다.

"해장술은 막걸리가 최고라니까. 자, 한 잔 해요. 속풀이부터 해야지."

심청은 조그만 알루미늄 대접에 막걸리를 가득 채워 내게 건넸다. 서늘한 막걸리가 식도를 따라 내려가자 쌉쌀한 기운이 온몸으로 퍼졌다. 안주로 김치와 오이를 곁들이니 금상첨화였다. 술꾼들이 이 맛을 못 잊어 막걸리를 마시는 걸까. 머리가 개운해지며 기분이 좋아지기 시작했다.

"이놈 봐라, 벌써 술판이네. 심청아 나도 한 잔 주라. 전 신부가 연타석인데 나도 타석에 올라야지."

주막으로 들어서자마자 내 어깨를 툭 치겨 특유의 너털웃음을 쏟아낸 그는 심청이 따라놓은 막걸릿잔을 단숨에 비웠다.

"청장은 뭐라카더노."

"내 뜻대로 밀어붙이라고 하데요."

"거봐라, 이심전심以心傳心이라니까. 암튼 잘됐다. 어떤 공연프로그램을 기획할 예정인가?"

"우리나라 전통음악으로 꾸밀 계획입니다. 글로벌 광대 장구맨 김덕수와 국악 피아니스트 풍류맨 임동창을 무대에 올릴 생각입니다."

"오케이. 난 찬성인데 섭외는 잘 할 수 있겠냐?"

"물론 최선을 다해 봐야죠."

다음 날 나는 사물놀이의 장인 김덕수 씨를 만나러 서울행 KTX열차에 몸을 실었다. 종로구 사직공원 근처에 위치한 전통연희상설공연장 '판'에서 벌어지는 그의 공연을 직접 관람하기 위해서였다. 저녁 무렵, 공연장 입구엔 몇몇 낯선 외국인 관광객들도 눈에 띄었다. 나는 입장 티켓과 카탈로그를 구입한 후 공연장 안으로 들어갔다.

200여 좌석은 이미 관람객들로 꽉 차 있었다. 10분쯤 지나자 황금빛 무대조명이 켜지며 북, 장구, 꽹과리, 징 소리가 어우러진 장단이 넘실거리기 시작했다. 공연은 사물놀이-판소리-탈춤-북 공연으로 옮겨갔다. 몇 해 전 대구 시민회관에서 듣고 보았던 공연보다 더욱 짜임새 있게 꾸며진 느낌을 받았다.

"오랜만이오, 전 기자! 멀리서 오셨는데, 위층 사무실로 올라가 차 한잔합시다."

"네~."

길놀이로 공연을 마무리한 김덕수 씨는 내게 다가와 손을 덥석 잡았다. 장구채를 잡았던 손바닥은 촉촉하고 힘이 셌다. 작고 단단한 체구에 검은 턱수염을 기른 얼굴은 부드러운 기운으로 다가왔다. 2층 사무실은 직원들이 사용하는 다소 좁은 공간이었다. 우리가 들어가자 책상에 앉아 컴퓨터를 들여다보던 건장한 청년이 자리에서 일어나 고개를 살짝 숙이며 목례를 했다.

"공연은 어땠소?"

"선생님은 언제나 즐거운 신명 세례를 퍼붓잖아요."

"신명 세례라 듣기 좋습니다. 혹시 취재하러 여기까지…

기자들은 목적없이 출몰하지 않던데.”

“물론이죠.”

김덕수 씨와의 인연은 20여 년 전, 대구 공연 때 인터뷰를 위해 만난 것이 시작이다. 당시 나는 그의 다섯 살 때 난장 데뷔 이후 수십 년간 공연 여정에 관심이 쏠려있었다. 2백 년 역사를 가진 미국 성앤교회와 영국 성공회 본당에서 고사상을 차려놓고 펼친 비나리 공연, 유대교 성지 예루살렘 ‘통곡의 벽’ 앞에서 벌인 세계 평화를 위한 길놀이, 마일즈 데이비스 등 세계 재즈 뮤지션들과의 협연…. 나아가 그는 사물놀이판을 이끌고 아프리카 타악과 만나고, 남미의 삼바와 장단을 맞추기도 했던 것이다. 한마디로 우리가락을 월드뮤직으로 탄생시킨 장본인으로 보였다. 나는 이런 기억들을 반추하며 상경 목적을 솔직하게 털어놓았다.

“요즘 S재단에서 축제 기획을 맡고 있는데 선생님의 공연을 9월쯤 무대에 올리고 싶어서 온 것입니다.”

“전 기자의 그런 요청이라면 당연히 받아들여야지. 그런데 가을 일정이 꽉 짜여있어서 축제날과 맞아떨어질지 모르겠네.”

그는 종이컵에 든 녹차를 한 모금 마시더니 책상에 앉아있는 청년에게 9월 스케줄을 체크해 보라고 말했다. 나의 눈과 귀는 두꺼운 수첩 속을 찬찬히 들여다보는 청년의 눈과 입술에 온통 집중했다. 초조하고 긴장된 순간이었다. 선고가 내려졌다.

"9월에는 공연이 없는데요."

"좋습니다. 멋지게 한번 해봅시다."

나는 자리에서 일어나 '장구의 연금술사' 김덕수의 오른손을 덥석 잡고 아래위로 흔들었다.

"감사합니다. 축제 무대에 모시게 되어서…."

저녁 무렵, 대구행 KTX열차에 오른 나는 두 번째 공연팀 섭외를 위한 스케줄을 짜기 시작했다. 상대는 풍류 피아니스트이자 신명의 소리를 만드는 작곡가 임동창이다. 몇 해 전 우연히 관람한 그의 피아노 콘서트는 단단히 내 가슴속에 자리 잡고 있었다. 서양 클래식과 우리 국악을 절묘하게 뒤섞은 파워풀한 피아노 연주는 충격적인 감동을 불러일으켰기 때문이다.

며칠 후 나는 임동창 씨를 만나러 남도로 차를 몰았다. 남원시 인근 시골마을에 위치한 그의 거주지는 조선의 양반집 후예를 연상케 하는 커다란 기와집이었다. 박박 밀어버린 머리와 회색 바지저고리 차림으로 대청마루에 앉은 그의 모습은 무념무상에 젖은 불교의 선승처럼 보였다. 동그란 얼굴과 눈동자는 나이를 가늠할 수 없는 동승 같기도 하고. 나는 연주자들이 좋아하는 음악 이야기로 말문을 열었다.

"요즘 선생님께서 내놓은 CD '영산회상', '수제천', '정읍사-1300년의 사랑이야기'를 열심히 듣고 있는 중입니다. 감동적이더군요."

"하하… 감사합니다만 '허튼 가락'들이지요. 시골에서 풍류를 찾다 보니 그런 가락들이 흘러나오더군요."

"서양 악기인 피아노로 우리의 옛 풍류를 담아내기가 쉽지 않았을텐데… 거문고나 대금 등 국악기라면 몰라도!"

"많은 분들이 똑같은 질문을 던져요. 피아노와 저의 인연은 운명이었다고나 할까. 초등학교 시절 우연히 피아노가 제 앞에 놓여 있었고, 소리 못지않게 냄새가 더 좋았어요. 그 냄새가 지금까지 저를 피아노 곁에 붙잡아 두고 있는지도 모르겠습니다."

"피아노에 무슨 냄새가 납니까?"

"이건 말로 설명할 수 없는 영역입니다. 하지만 저는 분명히 맡았습니다. 당시 가난한 저에게 부의 냄새 같기도 했고, 예쁘고 귀한 집 딸에게서 나는 향수 냄새 같기도 했으니까요. 어쨌거나 그 냄새는 끊임없이 저를 피아노로 끌어들인 것입니다. 도무지 헤어날 수가 없었던 거지요."

나에겐 알쏭달쏭할 뿐이었다. 이해의 영역을 벗어나는 것 같아 주제를 다른 곳으로 돌렸다.

"임 선생님의 연주를 들으면 아름답고 자유로운 신명이 느껴지고, 그리운 애잔함을 불러일으키기도 하더군요."

"전 선생님의 음악감상 수준이 보통이 아닌 것 같은데…. 바로 그 느낌이야말로 풍류를 담은 저의 허튼 가락입니다. 하나 더하자면 사람들과 나누고 싶은 사랑이기도 하고."

그의 칭찬에 순간 으쓱해지기 시작했다. 나는 질문의 고삐를 조금 당겨보았다.

"선생님은 그런 음악을 통해 무얼 성취하고 싶은가요?"

"자유로운 연주와 사랑의 완전한 도달입니다. 하하… 쉽게 설명하자면 음악을 통해 건강하고 행복하고 아름답고 신명나게 살 수 있는 방편이라고나 할까요."

이쯤에서 그와 나의 음악 이야기는 끝났다. 정오가 훌쩍 지난 시간이었다. 부엌에서 새어나온 음식 냄새가 시장기를 부채질했다. 그의 제자로 보이는 앳된 처녀들이 흰 쌀밥과 나물, 김치, 삶은 돼지고기를 한 상 가득 차려왔다. 맛있는 시골밥상이었다. 식사가 끝나고 나는 그의 피아노가 있는 작업실을 직접 보고 싶다고 말했다.

"아래채로 갑시다. 그곳에 피아노가 있어요."

임동창의 음악산실은 조그만 사랑방이었다. 벽 쪽엔 피아노만 한 대 자리 잡았고, 앉은뱅이 책상 위엔 작곡 중인 오선지가 놓여있었다. 그것이 전부였다. 풍류 탐구가는 그 방에서 작곡과 연습, 그리고 잠을 잔다고 했다. 피아노 냄새를 맡으며!

임동창 씨의 축제 공연 섭외는 쉽게 해결되었다. 나는 기쁜 마음으로 대구로 돌아왔다. 그리고 몇 개월의 시간이 흘렀다.

"덩더덕 따쿵!"

축제 첫날! 김덕수의 장구소리가 음을 열고, 감아치는 꽹과리 사운드가 좇아가고, 징소리가 음을 열면 북소리가 신명나서 따라갔다. 구슬프고 애잔한 비나리의 기억들, 몸과 마음 그리고 가락이 하나 되는 즐거움, 부드러운 카리스마가 넘치는 사물놀이 공연은 못 둑을 가득 메운 관중들의 박수갈채 속에 막을 내렸다.

축제 마지막 날, 동서양의 신명과 명상을 아우르는 '스킨헤드' 임동창이 피아노 앞에 앉았다. 페달 위엔 그의 맨발이 놓여 있었고, 열 손가락은 건반 위에서 물결치기 시작했다. 풀어져 흐르고, 중간 중간 내리꽂히는 역동적인 터치, 국악의 신명 가락이 피아노 선율을 감싸고, 대금연주자 이생강 선생의 바람소리가 소용돌이치고, 공연 막바지에는 클래식의 감미로운 사운드가 수면 위를 넘실거렸다. 관객들은 어깨를 들썩이다가 고요함에 침몰되고 급기야 박수와 앵콜을 연발했다.

축제가 막을 내렸다. 나는 지난 6개월간의 야단법석을 추억하며 긴 못둑길을 천천히 걸어보았다. 그 시간의 늪은 예측 불가능한 긴장과 스릴이 뒤섞여 있었으나 벌써 추억으로 멀어져갔다. 서쪽 하늘에는 황금빛 저녁노을이 번지고, 선선한 바람이 수면 위로 일렁거렸다. 이제 도시의 콘크리트 성채들과도 작별을 고하고, 몇 년간 나홀로 웅크리고 꼼지락거렸던 숲으로 되돌아갈 시간이다. 외톨이로!

타인들의 의견을 듣거나 교환하고, 논의하거나 수렴하고, 조정하거나 통합하는 일이야말로 조직생활의 성공으로 향하는 사다리인지도 모른다. 그 꼭지점에 도달하려면 상당한 인내와 여유가 필요하다. 하지만 나에겐 그런 멘탈리티가 없었고, 소지하려는 노력도 하지 않았다. 혼자 생각하고 실행하는 경향이 매우 강했기 때문이다. 가끔 주위 사람들의 의견을 청취하거나 분위기를 살피기도 하지만 어디까지나 참조 사항이지 준수 사항은 아니었다.

몇 달간 인연을 맺었던 사람들은 떠났고 나는 그들을 붙잡지 않았다. 함께 축제를 진행했던 H 감독이나 K 상임이사, 몇몇 공무원들에겐 독선과 아집, 자만심 덩어리로 비쳤을 것이다. 타협과 조율이 없었으니까. 후회와 아쉬움은 있었지만 자괴감은 들지 않았다.

김덕수의 사물놀이, 임동창의 국악 피아노 연주는 예술적 아집과 자만심 없이는 결코 탄생할 수 없는 음악 작품으로 판단했기 때문이다. 물론 이러한 집념이 일상의 비지니스로 장르가 바뀌면 독선으로 전락한다는 것쯤은 나도 알고 있다. 씁쓸한 회한도 남았다. 인간의 조직을 이끌고 생존하는 지혜가 나에겐 턱없이 부족했다는 점이다. 온갖 상념들이 나의 머리를 스쳐 지나갈 즈음 호주머니에 든 휴대폰이 덜덜거렸다. K 상임이사의 목소리가 들려왔다.

"축하해요. 전 팀장이 기획한 공연 정말 멋지고 대단했어요. 제가 전 팀장 예술감각을 알아보는 데 6개월이나 걸렸네요."

"감사합니다. 그렇게 봐 주셔서…."

그날 이후 우리는 얼굴을 마주칠 기회가 없었다.

고향 초등학교에서

뜨거운 햇볕을 받은 승용차 안이 후끈 달아올라 있었다. 휴일의 이른 아침이었지만 끈적끈적한 바깥 공기는 불쾌감만 더했다. 인적이 뚝 끊긴 도시를 탈출하는 그의 발바닥은 엑셀레이터 위에 있었다. 목적지는 50여 년 전, 처음 입학했던 시골 초등학교! 어린 시절의 희로애락을 몽땅 품은 곳이다. 또한 세월이 갈수록 그리움과 다정함, 안타까운 정감의 세계이기도 하다.

학교에서 2km쯤 떨어진 촌락에서 살았던 어린 꼬마의 등굣길은 고행이었다. 여름철 장마로 불어난 황톳빛 개울물은 공포감을 불러일으켰고, 한겨울 사정없이 몰아치는 삭풍은 머리끝에서 발끝까지 아리게 했다. 희미한 호롱불 밑에서 끝내지 못한 전날의 숙제도 걱정거리였다. 여선생님의 손바닥 회초리와 호된 꾸중이 몹시 무서웠으리라.

동병상련의 코흘리개들은 학교 언저리 산중턱에 쪼그리고 앉아 궁리 끝에 집단 등교 거부에 동의한 후 하교 시간 때까지 온갖 놀이에 열중했다. 딱지치기, 팽이 돌리기, 돋보기로 햇빛을 모아 종이 태우기…. 시간 가는 줄 몰랐던 그들은 서편 해를 등지고 초가집으로 돌아갔다. 까까머리들은 다음 날 선생님과 부모들로부터 호된 벌칙을 받았지만 가끔 특별 사면도 있었다.

즐겁고 신나는 날도 많았다. 봄 소풍과 가을 운동회 날이다. 비좁은 교실의 딱딱한 나무의자에서 벗어나 운동장에서 뛰노는 시간은 즐거웠고, 학교에서 멀리 떨어진 시골 산사까지 걸어가는 학동들의 발걸음은 신났다. 어디 그것뿐인가! 평소 맛볼 수 없었던 김밥과 삶은 계란, 동방사이다, 박하사탕, 설탕 발린 전병은 보리밥과 된장에 절은 혀끝을 행복하게 했다.

허연 보름달이 시골 산천을 비추던 여름밤에는 할머니가 쪄준 옥수수를 입에 물고, 할아버지가 들려주던 삼국지와 아라비안나이트 이야기를 들으며 호기심 가득한 상상의 나래를 펼치곤 했다. 초승달이 뜬 컴컴한 밤에는 몇몇 동무들과 어울려 이웃집 포도밭과 자두밭에 들어가 낮에 보아두었던 과일들을 따먹었다. 귀여운 선악과였지만 상큼했다.

지금은 볼 수 없는 반세기 전 흑백필름들이다. 그때 눈앞에 펼쳐졌던 산천 풍경들은 많이 변했고, 같이 놀던 개구쟁이들도 만날 수 없지만 언제나 아름다운 고향 풍경화로 남아있다. 요즘 추석이나 설 명절 때 마주치는 고향 사람들과 산천, 골목 풍경들과는 사뭇 다르다. 세월과 함께 고목이 되어버린 교정 어귀 플라타너스 나무 아래 앉아 있는 시간들은 잃어버린 귀향의 여로이기도 하다. 실향민들의 땅 도시에서 중년을 넘긴 그에게 정감의 땅은 고향 초등학교였다.

2부
소리를 찾는 남자들

굿맨 사운드의 향연

시작은 '굿맨' 스피커였다. 평소 나의 오디오 기기들을 손봐주는 K가 뜬금없는 제안을 던졌다.

"굿맨 데카 사운드가 선생님 취향에 더 어울릴 것 같은데요…."

'탄노이' 가 뿜어내는 멋진 그레고리안 성가에 빠져 있는 나의 귀에 유혹의 소리가 끼어든 것이다.

"뭐라꼬? 또 스피커를 바꾸란 말인가."

"아뇨. 제가 갖고 있는 스피커라서 한번 들어나 보시라는 겁니다… 헤헤."

'하베스' 의 간지러운 통 울림에서 단단한 탄노이로 넘어온 지 1년도 안 된 시점이라 신경이 좀 거슬렸다. 맑고 선명한 음색을 가진 굿맨 성향에 대해서 이미 들어본 경험도

한 이유였다. 자고로 오디오 파일들은 귀가 엷어 남의 말을 잘 따르는 경향이 있다. 이 난치병을 완전히 치료하지 못한 나는 앰프의 볼륨을 지긋이 낮추며 호기심을 드러내고 말았다.

"그놈의 소리는 어떻디?"

"탄노이의 세련된 음색이나 분위기와는 딴판입니다. 세월의 무게감이나 야성미를 더해주지요."

"그럼 내일 가져와 보셔… 일단 들어나 봅시다."

오디오 스피커를 바꾸는 일은 간단하지 않다. 더구나 아날로그 시스템만 고집하는 고집불통인 내게는! 앰프와 스피커 간의 전류 비율(Ω)을 조정해야 하고, 케이블을 선택해야 하며, 카트리지와 궁합도 맞춰야 한다. 그렇게 하지 않으면 엉뚱한 소리가 나기 때문이다. 이를 해결하기 위해 똑같은 행위의 반복, 조바심, 시간 손실, 피곤함… 상상만 해도 싫다. 하지만 필이 꽂혔는데 어쩌랴.

이튿날 K가 가져온 굿맨 데카 스피커를 보자 나는 경악하고 말았다. 스피커통도 없이 알맹이만 덩그러니 남은 굿맨은 영락없는 고철 덩어리였다. 종이 우퍼는 이어 붙인 자국들이 곳곳에 선명했고, 게다가 색깔조차 다른 외짝이었다. 정나미가 뚝 떨어져 당장 돌려보내고 싶었다. 그런데 한쪽 스피커 뒷면에 새겨진 글자를 보니 이 모든 것을 용서하지 않을 수 없었다. 1948년 7월 생산품!

나보다 10년 연상인 스피커라~ 좋다~ 소리나 한번 들어보자. 그건 오해였다. 이 골동 스피커를 제대로 울리는 데 어려운 가시밭길이 있는 줄은 미처 몰랐다. 양산의 황 씨에게 아리스토크렛 스피커통을 긴급 주문한 후 봉덕동 박 선생님을 찾아가 수납 작업을 하고, 앰프도 16Ω 지원되는 것으로 바꿨으며, 룸 튜닝도 다시 했다. 몇 개월의 시간이 흘렀다.

마침내 제자리를 찾은 굿맨 데카 스피커에서 다미타 조의 '당신이 내 곁에서 떠난다면(If you go away)', 달리아 라비의 '자니 기타'가 곰삭은 사운드로 흘러나왔다. 고물딱지라고 핀잔만 주던 친구가 탄성을 질렀다.

"멋진 스피커네요. 60여 년 전의 사운드가 어땠는지 느낌으로 알게 됐습니다. 미안해, 굿맨!"

오디오 구축기

시작은 단출했다. 작은 스피커(가로 30cm, 폭 25cm, 높이 50cm) 1조와 보급형 CD플레이어, CD 100여 장. 음악을 재생하는 앰프는 스피커 안에 장착되어 있어서 따로 구비할 필요가 없었다. 공간도 소박했다. 5평 남짓한 시내 귀퉁이의 빌라형 원룸. 나홀로 음악 감상이나 독서하기엔 최적의 장소였다. 24시간 노크하는 사람 없고, 상하좌우 서식자들 역시 1년에 한 번 얼굴 마주할 일 없는 타인이었다.

나는 오후 6시 정각이면 도심 속 사무실을 빠져나와 이 골방에서 음악을 들으며 게으른 시간을 보냈다. 침대에 비스듬히 드러누워 지향점 없는 망상의 나래를 펼치며 도시의 온갖 찌꺼기를 털어냈다. 가끔은 책을 읽거나 비몽사몽으로 시간을 죽였다. 배경음악은 주로 가야금이나 거문고,

대금 연주였고, 그 사운드가 따분해지면 바이올린, 첼로, 피아노 독주 혹은 그레고리안 찬트로 바꾸었다. 그리고 잠 속으로 들어갔다. 나의 7년 전 밤 풍경이다.

"선배님, 저희 집에 한번 오시죠. 음악 들으며 커피 마시고, 대화도 나눌 겸…."

"오케이…."

초청자의 거주지는 도심을 약간 벗어난 고층 아파트단지였다. 1층 아파트 철문을 열자 첼로 연주가 먼저 손님을 맞았다. 오랜만에 들어보는 묵직하고 은은한 현의 울림이었다. 나는 소리의 진원지로 찾아갔다. 제법 널찍한 방에는 어른 키 높이만 한 스피커가 양쪽 벽 가까이 자리했고, 그 사이에 놓인 큼직한 턴테이블 위의 은빛 플래터가 빙글빙글 돌고 있었다. 옆에는 갖가지 오디오 기기들이 형형색색 불빛을 발산했다. 이색 풍경이었다.

"아직 진공관이 덜 달구어져 음질이 부드럽지 못하지요."

"그래? 얼마나 더 열을 받아야 제 소리가 나나요?"

"앞으로 30분은 지나야죠. 허허허…."

"지금도 멋진데…. 음~ 쩝쩝…."

검은 LP판의 가는 소릿골을 타고 재생된 바흐의 무반주 첼로 음악이 가슴을 서늘하게 정화시켰다. 한 소절이 끝날 때쯤 그는 벌떡 일어나 둥근 LP판을 바꾸었다. 이번에는 베토벤의 피아노협주곡 5번. 거대한 관현악의 파노라마 사이로 끼어든 피아노 타격이 내 뒤통수를 후려쳤다. 그때 젊은 여인이 단정하게 깎은 사과를 갖다 놓고 사라졌다. 사과를 씹는 두 사내의 입소리조차 거슬릴 지경이었다. 오디오 사운드의 오묘한 황홀에 빠져든 것일까?

그날 이후, 나의 조그만 스피커가 내뱉는 음향은 메마르고 찌찌한 웅알거림으로 들렸다. 음악적 감흥이 도대체 일어나지 않았다. 그렇다고 이 좁은 방 안에 거대한 오디오 기기를 들여놓을 수는 없었다. 공간이동부터 감행했다. 당장 위층 12평짜리 룸으로 옮겼다. 그리고 대학도서관들을 찾아가 오디오 관련 서적들을 샅샅이 뒤지며 꼭 필요한 책들은 직접 구입해 읽어나갔다. 몇 주간에 걸친 독서 결과, 오디오 기기 구축 플랜이 어렴풋이 잡혔다.

우선 음원을 CD에서 LP로 바꾸고, 턴테이블과 앰프를 장만하고, 스피커 교체도 필수였다. 문제는 비용이었다. 당장 몇백만 원이 필요했고, 내가 추구하는 음악을 들으려면 수천만 원까지 쏟아부어야 할 판이었다. 매달 받는 몇백만 원 월급으로는 어림없는 일! 밤잠을 설치며 궁리를 짜보았으나 묘책이 떠오르지 않았다. 사무실에 앉아 있었지만 업무는 뒷전이고, 돈 생각으로 두개골이 흔들릴 지경이었다. 그러던 어느 날 오후 휴대폰이 울렸다.

"팀장님, 요즘 잘 지내시죠. 제 사무실로 차 한잔 하러 오세요."

바로 길 건너 은행지점장의 나른한 목소리였다. 평소 은행원들의 무미건조한 언사를 무성의하게 흘려 넘긴 나였지만 그날따라 반가웠다. 마치 행운이라도 찾아온 것처럼!

"좋습니다. 당장 가지요."

은행 창구 뒤편 집무실로 들어서자 그는 공손하게 손을 내밀었다. 파란 투피스를 입은 아가씨가 커피 두 잔을 놓고 갔다. 모든 게 질서정연했다. 하지만 지점장의 대화는 헝클어진 잡담 수준이었다. 금융계의 치열한 경쟁, 갈수록 어려워지는 자금 유치, 시스템 자동화에 따른 구조조정, 승진 탈락자들의 조기퇴직 등 나와는 무관한 주제들이었다. 나는 건성으로 장단 맞추었지만 머릿속은 온통 돈 생각뿐이었다. 오호라! 이 친구는 돈 요리사가 아닌가!

"지점장님, 혹시 저도 무담보 대출 받을 수 있나요."

"팀장님은 공무원이니까 마이너스 카드 대출 받으면 되지요."

"그래도 보증인이 필요하잖습니까."

"퇴직금으로 대신하면 됩니다."

갑자기 희망의 불꽃이 피어올랐다. 그를 끌어안고 만세 삼창 외치고 싶었으나 꾹 눌렀다. 대신 침착한 목소리로 엄숙하게 말을 건넸다.

"얼마까지 가능한가요?"

지점장은 자리에서 일어나 방문을 열고 창구 직원을 불렀다.

"팀장님 마이너스 카드 대출 얼마까지 가능한지 알아 봐."

"네, 알겠습니다."

잠시 후 그 직원이 몇몇 서류를 들고 다시 들어왔다.

"2천만 원까지 가능합니다."

"필요한 서류 작성하고 통장 발급해라."

"네, 바로 처리하겠습니다."

졸지에 황금을 움켜쥔 도시의 은둔자가 전국을 휘젓고 돌아다니는 홍길동으로 변신하는 순간이었다. 오늘은 스피커를 찾아 대전으로, 내일은 앰프를 가지러 서울로, 다음 날은 턴테이블을 옮기려고 부산으로 빠르게 움직였다. 어떤 날은 도시의 끝자락 세탁소 뒷방에 놓인 앰프를 들고 나왔으며, 휴일에는 멀리 떨어진 도시의 초고층 호화 아파트 거실에 들어가 턴테이블을 돌려보기도 했다. 그때마다 승용차로 왕복 운전했지만 신명은 식을 줄 몰랐다.

거래자들의 나이와 신분도 천차만별이었다. 무직의 젊은 가난뱅이에서부터 부유한 직장인, 큰 회사를 운영하는 오너, 닳아빠진 오디오 중개상, 나이와 신분이 아리까리한 건달, 왕년에 큰돈 만지다 왕창 망한 백수, 돌팔이 앰프 제작자, 소독약 냄새 풍기는 개업의사, 세상만사 다 귀찮은 퇴직 교수 등등. 그들에게 공통분모가 있다면 대개 '오도팔' 이라는 점이다. 즉 음악 감상보다 오디오 기기에 몰입하는 '팔푼이' 였다.

거래 성사는 50% 수준. 주로 중고 오디오 매매 전문 인터넷 사이트에 올라온 정보를 갖고 접선했다. 가격 흥정은 순조로웠으나 기기 작동에 이상 징후가 발견되면 나는 가차 없이 돌아섰다. 다툼은 벌어지지 않았다. 두 번 서먹하고 으스스한 분위기로 곧장 현장을 뜬 적은 있었지만 오디오 소유자들의 심성은 비교적 온건한 편이었다. 몇몇 교활한 업자들이 바가지를 씌우기도 했으나 개의치 않았다. 수업료로 생각하며 눈을 질끔 감았다.

몇 달이 지나자 내 방에는 턴테이블이 돌아가고 진공관

불빛이 흔들리며 음질의 변화가 일어났다. 그동안 들을 수 없었던 악기 소리가 울려 퍼지고 유명 성악가들의 목소리가 터져 나왔다. 나는 퇴근하면 곧바로 방으로 달려와 앰프의 스위치를 켜고 턴테이블을 돌렸다. 도가도 비상도道家道 非常道의 시간에 흠뻑 취했다. 도시인들의 보통 눈높이에서 평가하자면 똥오줌 못 가리는 나날의 연속인 셈이었다.

웨스턴 일렉트릭 사운드

LP 음악을 즐기는 빈티지 오디오 마니아라면 누구나 '웨스턴 일렉트릭 사운드'를 향한 열망을 뿌리치기 힘들 것이다. 30년 가까이 LP를 고집해 온 나 역시 이 시스템에 대한 염원을 아직도 버리지 못하고 있다. 하지만 평민들이 소유하기엔 불가능이다. 억대를 훌쩍 넘어서는 몸값과 이 스피커를 들여놓을 공간이 만만찮기 때문이다.

웨스턴 시스템은 일반적으로 1930년대 미국의 극장에서 사용했던 스피커와 앰프들을 일컫는다. 당연히 올망졸망한 한국의 아파트나 주택에서는 상생할 수 없다. 또한 70여 년의 세월 탓으로 다들 시커먼 고철 덩어리다. 그런데 왜 열광하는 걸까? 소리 때문이다. 마치 광활한 아메리카 대륙의 거창하고 시원스런 풍광이 귀를 마사지하는 듯한 느낌을 갖게 한다.

나는 한때 웨스턴 사운드를 찾아 남한 땅을 돌아다닌 적이 있다. 그런데 고약한 것은 이 물건이 시중에서 보기 힘든 골동품인지라 멀리까지 발품을 팔아야 했으며, 접근도 쉽지 않았다. 소유자들은 대부분 과잉으로 치닫다가 꼭지가 돌아야만 멈추는 병적인 탐구심과 집착을 지닌 고독한 인간들이었다. 선물과 비굴모드까지 동원하기도 했지만, 차츰 지치고 시들해졌다.

뜻밖의 행운이 찾아왔다. 몇 해 전 지진으로 지축이 울렁거렸던 경주에 웨스턴 일렉트릭 풀 시스템이 있다는 정보가 나에게 전달됐다. 그것도 최초 버전인 1927년산 12A, 13A형에서부터 1935년 할리우드 대형극장 스크린 뒤에 웅크리고 있던 미로포닉 시스템까지 갖춰 놓았다는 것이다. 추석 연휴 마지막 날 나는 그곳으로 차를 몰았다.

내비게이션 안내 멘트가 끝난 곳은 보문단지 가장자리에 위치한 주차장이었다. 나의 시야에 들어온 건물은 뜻밖에도 '한국대중음악박물관' 이라는 간판이 붙어있었다. 입구에 들어서자 웨스턴 미로포닉이 뿜어내는 통쾌한 소리가 리스닝룸에서 새어나왔다. 어른 키보다 높은 인클로저 위에 놓인 우람한 벌집 혼이 나를 내려다보는 듯했다.

이 고물 기계를 본래의 상태로 복구시키고 당시의 음을 재현시킨 유충희 관장이 옆자리에 앉았다. 그는 박물관 3층으로 올라가 보라고 채근했다. 2층에는 우리나라 대중음악의 흐름을 귀와 눈으로 확인할 수 있는 LP가 들어차 있었고, 위층에는 그것들을 직접 들을 수 있는 오디오 시스템을 진열해 놓은 것이다. 300평에 달하는 오디오 전시실에는 웨스턴 일렉트릭뿐 아니라 히틀러가 애용했던 자이스 이콘 스피커, 브리티시 사운드의 진수 탄노이 오토그라프까지 20여 조가 자웅을 겨루고 있었다. 취미생활을 넘어선 유 관장의 오디오 추구가 경이로웠다.

소리를 찾는 남자들

돼지고기 구이집 지하로 내려가는 계단은 대낮인데도 을씨년스러웠다. 남자가 작업실 문을 열고 불을 켜자 바닥에 널린 형형색색의 구두가 먼저 손님을 맞는 듯했다. 신발장에는 수백 권의 책들이 가로로 누워있었다. 나는 조심스레 그를 따라 안으로 들어갔다. 30평 남짓한 룸의 양쪽 벽면에는 LP판이 천장까지 세로로 빈틈없이 꽂혀 있었다. 그렇게 많은 판들이 한곳에 모여 있는 공간은 난생 처음 보았다. 마치 딴 세상에 들어선 느낌이었다.

"도대체 저 LP판은 몇 장이나 됩니까?"

"정확하게 헤아려 보지는 않았지만 3만 장은 족히 넘을 겁니다."

"몇 년간 모은 거죠?"

"스무 살 무렵부터니까 35년은 된 셈이지요."

낯선 손님의 질문이 좀 싱거웠던지 남자는 출입문 쪽에 위치한 바에서 핸드드립 커피를 내리기 시작했다. 나는 방 중앙 소파에 앉아 반대편 벽면 앞에 설치된 여러 조의 진공관 앰프들과 여러 개의 턴테이블, 여러 조의 스피커들을 찬찬히 바라보았다. 생김새와 크기가 모두 달랐다. 얼핏 봐도 이 오디오 기기들은 수십 년의 세월을 훌쩍 넘긴 빈티지였다. 호기심이 발동했다. 저 골동품 턴테이블에 LP판을 얹어 놓고 빙글빙글 돌리면 어떤 소리가 날까?

커피 잔을 테이블에 갖다놓은 후 남자는 나의 속셈을 알아차리기라도 한 듯, LP 한 장을 두툼한 턴테이블 위에 올려놓았다. 한 여자 가수의 허스키 보이스가 고요한 방 안을 흔들었다. 30여 년 전 내가 수시로 감상했던 그 아날로그 사운드였다. 요즘 CD 음반에서는 감쪽같이 사라진 잡음들이 그 시절의 향수를 불러일으켰다. 남자가 세팅한 앰프와 스피커는 1950년대 미국 극장에서 사용된 것들이란다. LP판도 마찬가지!

"요즘 유행하는 디지털 음향은 인공적인 세련됨은 있지만 자연스러움은 없어요. 클래식 음악이 지닌 독특한 맛과 색깔, 분위기가 빠져버렸다고나 할까요. 앞으로도 저는 아날로그 소리만 찾아다닐 겁니다."

두 번째 남자의 리스닝룸은 도심에 위치한 고층 아파트 1층에 위치하고 있었다. 철문을 노크하자 남자는 곧바로 자기만의 방으로 안내했다. 5평 남짓한 리스닝 룸 한쪽 벽면은 수천 장의 CD로, 반대편에는 수천 장의 LP판들로 꽉 채워져 있었다. 그는 이미 손님맞이 준비를 한 듯 베란다 창문 쪽에 설치된 진공관 앰프를 발갛게 달궈놓았다. 바로 옆에는 현대적 디자인 감각이 돋보이는 턴테이블과 CD플레이어가 자리 잡았고, 양쪽에는 어른 키 높이만 한 톨보이 스피커 한 조가 우뚝 서 있었다.

창문을 닫고 붉은빛이 감도는 커튼을 친 남자는 리모컨 파워 버튼을 꾹 눌렀다. 은빛 턴테이블의 플래터가 미끄러지듯 돌아갔다. 그런데 신비스럽게도 스피커에서는 1천 년 전 중세 수도원 성당의 고풍스러운 음향이 울려퍼졌다. 남자는 20여 년 전 이 소리에 홀딱 반해 오디오 파일러가 되었고, 지금도 이 울림에 빠져있다. 가끔 CD로 재즈나 우리의 궁중음악을 감상하기도 하지만 유럽의 종교음악에서 헤어 나올 줄 몰랐다. 그럴 생각도 전혀 없다는 게 이 남자의 퉁명스러운 변명이었다.

"생음악이 활어라면, LP는 싱싱한 생선회, CD는 통조림,

MP3는 육즙이 완전히 제거된 건포로 비유할 수 있겠습니다. 금방 조리한 신선한 음식을 먹을지, 방부제가 듬뿍 밴 패스트푸드를 섭취할지는 순전히 소비자의 선택이겠지요."

두 남자가 부러웠다. 하지만 나는 10년 전부터 색다른 아날로그 소리를 찾아 설과 추석 연휴가 시작되면 어김없이 어느 소읍에 위치한 수도원과 어느 산골 선방을 번갈아 찾는다. 그리스교적 신앙심이나 불교적 깨달음을 얻기 위한 것은 아니다. 수도원 성당에서 메아리치는 파이프오르간 소리, 수도사들의 청아한 기도 소리가 듣고 싶어서다. 또 산사에서 울려 퍼지는 북소리와 목탁 소리, 염불 소리가 그립기 때문이다. 이보다 더 자연스럽고 멋있는 아날로그 사운드가 또 어디 있으랴!

오디오 수리
-소비자는 졸卒이다

"도착했습니다."

"잠깐 기다리소."

휴대폰을 끄고 하염없이 골목에서 서성대면 은색 스테인리스 철문 열리는 소리가 둔탁하게 들린다.

"철컥."

올해 환갑을 넘긴 나는 10kg쯤 되는 상자를 끌어안고 2층 계단을 끙끙대며 조심조심 오른다. 짙은 어둠을 품은 하늘에서 굵은 빗방울이 떨어진다. 다시 검붉은 철문이 나를 가로막는다.

"계십니까?"

"들어오이소."

40대를 갓 넘긴 사내는 손님을 향해 인사말은 물론 고개조차 돌리지 않는다. 그는 온갖 계측기들이 쌓인 작업실 테이블에 앉아 헤집어 놓은 오디오 기기들을 들여다보거나 납땜질하고 있다. 작업이 끝날 때까지 나는 옆방에서 기다려야 한다. 3평 남짓한 룸에는 낡은 인조가죽 소파와 LP들, 스피커, 앰프, 턴테이블 등 오디오 기기들이 산만하게 놓여있다. 턴테이블이 돌아가고 스피커에서 울려나오는 음악소리는 시끄럽고 상스런 소음에 가깝다. 나는 불편한 심정을 꾹 참고 견딘다. 엔지니어의 심기를 건드리지 않기 위하여!

"오디오 기기를 취급하는 엔지니어가 이런 우아하지 못한 음향을 듣고 있단 말인가…."

문득 50여 년 전, 어린 시절에 다녔던 '야매'(불법)치과의원이 생각났다. 어두컴컴한 골목길, 문패 없는 녹슨 철 대문, 막다른 집 2층, 봉두난발의 늙은 치과의사(무면허), 역겨운 소독약과 비릿한 피 냄새, 허연 양철 대접에 떨어지는 이빨 소리. '땡그랑'. 어떤 날에는 입 안에서 차갑게 돌아가던 전기드라이버 소리까지 청음하곤 했다. 치료가 끝나면 아이는 눈물 글썽한 시선으로 거울에 비친 균형 잃은 양 볼을 한번 쳐다본다. 다시 항구의 으슥한 불빛을 바라보며 집으로 돌아오는 어린 소년의 발걸음은 뿌듯했지만 외로웠다.

"이쪽 방으로 앰프 갖고 들어오시죠."

"네."

재빨리 온갖 부품들이 흩어져 있는 테이블 위에 나의 애물단지를 번쩍 들어 올려놓았다.

"또 탈이 났습니까."

"며칠 전부터 왼쪽 스피커에서 소리가 나지 않아서요."

거무데데한 그의 미간이 살짝 찌푸려졌다. 1주일 전 수리한 물건을 다시 쳐다보는 현실이 영 불편한 기색이었다. 나는 담배를 입에 문 그의 턱밑에 재떨이를 받쳐 들었다. '쪽팔림은 순간이고 희열은 영원하다' 는 비굴 및 아부 자세를 스스로 위로하며! 하지만 오디오 기기 수리에서 희열 또한 순간이라는 사실을 깨닫기까지는 많은 시간이 걸리지 않았다.

"음…, 지난번 테스트 때는 소리가 잘 났는데…."

"글쎄 말입니다."

"다른 기기나 케이블 연결에는 문제없었지요."

"물론입니다."

사내는 투박한 권총처럼 생긴 전동드라이브로 케이스에 박힌 십자못을 빼낸 후 앰프 안을 들여다보고 있었다. 덩

달아 나의 시선도 형형색색 올망졸망 달라붙은 수많은 부품들을 향했다. 그것들이 무슨 역할과 기능을 수행하는지 전혀 알지 못하는 '깜깜이' 주제에 말이다.

"겉으로 보기엔 전혀 문제가 없는디…."

"글쎄 말입니더."

"암튼 이놈의 앰프는 말썽꾸러기라니까."

"…."

50여 년 전 일본서 출시될 당시, 전 세계 오디오 마니아들로부터 호평 받았던 나의 앰프는 졸지에 몹쓸 기기로 낙인찍히고 말았다. 계측기 단자를 들고 이곳저곳을 찌르는 그의 손은 퉁명스러웠고, 그의 입에선 욕설에 가까운 저주가 퍼부어졌다. 부품, 배선은 물론 디자인까지 사정없이 매도당했다. 몇몇 부품들이 교체되고, 여러 배선들이 새로 땜질당한 후에야 불쌍한 앰프는 겨우 옷을 입었다. 수리를 끝낸 그의 목소리는 준엄했다. 이전에 손댄 돌팔이가 중국산 싸구려 부품을 썼고, 질 나쁜 땜납을 사용했기 때문에 고장이라는 것이다.

"그랬었군요."

그의 판정에 맞장구를 친 나는 비싼 부품 및 수리비를 지불하고, 떨떠름한 가슴을 쓸어내리며 집으로 돌아왔다. 이런 상황과 장면은 그를 만난 후 3년여 동안 수시로 반복됐다. 그때마다 나는 불평이나 주장 한마디 들이대지 못했다. 전자공학에 관한 지식이 없으니 침묵하는 수밖에! 되레 수고했고, 고맙다는 말만 건넬 뿐이었다. 이보다 훨씬 뻔뻔하고 냉혹한 엔지니어도 여럿 상대한 경험이 있다.

5~6년 전 빈티지 오디오 기기를 본격적으로 들여놓기 시작할 무렵에 만난 P씨는 허깨비에다 바가지꾼이었다. 머리카락이 거의 없는 70대인 그는 판매와 수리를 동시에 진행하는 자칭 고수였다. 나는 순진하게 그의 말을 믿고 앰프 수리는 물론 스피커, 카트리지, 톤암, 케이블 등을 구입하곤 했다. 하지만 앰프는 수시로 고장을 일으켰고, 카트리지는 바늘이 리팁된 것이었으며 톤암은 어설픈 수리품이었고, 케이블은 싸구려 제품임을 한참 뒤에야 알게 되었다. 얼굴 붉히는 입씨름 끝에 카트리지와 톤암은 반품할 수 있었지만 나머지는 고스란히 나의 몫으로 남았다.

빈티지 턴테이블 중 '토렌스 124'의 회전수 맞추기와 소음 잡기는 난공불락이었다. 어떤 경로로 내게 안겨진 이 기기는 3명의 수리기사의 분해와 조립을 거치고도 해결되지 않았다. 자칭 독일 오디오 기기 전문가인 H는 몇 시간에 걸쳐 기름칠과 손찌검을 가했지만 허사였다. 두 번째는 턴테이블 전문가인 Y의 솜씨를 거쳤지만 속도 맞추기에 실패했다. 마지막으로 각종 오디오 수리 분야에 전국적인 명성을 날린다는 G의 작업실로 옮겨졌다. 며칠간 그는 속도와 모터 소음을 잡는데 심혈을 기울였지만 두 손 들고 말았다. 결국 '토렌스 124'는 수리비만 잔뜩 내게 청구한 후 멀리 떠났다.

몇 년간 KBS FM 음악 방송을 잘 전달해 주던 리복스 튜너가 어느 늦은 밤 말썽을 부리기 시작했다. 한쪽 스피커가 먹통이었다. 그동안 이 튜너의 이상 증세는 대부분 안테나와 인터케이블 단자 조정으로 자가 치료해 왔던 경험을 살려 고쳐보았지만 이번에는 통하지 않았다. 마침 수리기사 L에게 휴대폰으로 사정을 설명하니 당장 들고 오라는 것이었다. 그의 작업실에 도착했을 때 자정이 가까웠다. L은 곧장 인터케이블 단자 교체작업을 개시했다. 그리고 자신이 만든 15만 원짜리 케이블을 물리자 음악 소리가 우렁차게 펼쳐졌다.

나는 수리비와 케이블 값을 지불하고 곧장 집으로 달려와 앰프와 연결했다. 아뿔싸! 한쪽 스피커에서 여전히 소리가 나지 않았다. 허탈했다. 밤늦게 하소연도 할 수 없었다. 나중에 알게 된 사실이지만 튜너의 고장이 아니라 앰프의 트러블이었던 것이다. 20만 원만 허공에 날린 것이었다. 가슴이 쓰리고 머리가 아팠다. 지금도 그 케이블만 보면 허탈하다.

빈티지 오디오 수리기사들의 이력은 대부분 아리송하다. 그들이 과거 무슨 직업에 종사했는지 오리무중이다. 단지 턴테이블은 A가, 스피커는 B가, 앰프는 C가 잘 고친다는 오디오 마니아들의 입소문에 근거를 둔 경우가 허다하다. 오디오 수리기사에게 주어지는 객관적인 자격증이나 검증 자료가 전무한 실정이다. 물론 몇 년 거래하다 보면 누가 허깨비인지, 수리비 바가지꾼인지 자연스레 드러난다. 하지만 그것을 파악할 때까지 지불해야 할 엄청난 수업료, 터뜨려야 할 분통과 실망이 만만찮다는 사실이다. 어쩌면 이런 고행과 번뇌의 순간은 나의 빈티지 오디오 생활을 접는 그날까지 계속되리라!

시인 송재학의 오디오 사랑

시인 송재학의 오디오룸은 베일에 싸여 있었다. 신비의 사운드를 뿜어낸다는 그의 독일 시스템은 몇 달째 빗장을 풀지 않았다. 호기심을 자극하는 초조한 낮과 밤이 지나갔다. 그러던 어느 날 짤막한 문자가 나의 휴대폰에 찍혀 있었다. 발신인은 그 시인이었다.

"좋습니다! 오늘 퇴근 후 8시쯤 오세요."

8월의 무더위가 어둠까지 후끈 달구는 저녁이었다. 인근 과일가게에서 구입한 수박 한 통을 들고 변두리 동네 지하에 꾸며진 송 씨의 음악 둥지로 찾아갔다. 20평 남짓한 공간엔 크고 작은 오디오 기기들과 LP판들이 사방을 가득 메우고 있었다. 수십 년 전 내가 드나들던 클래식 음악감상실 전경이 떠올랐다.

고요함이 몇 분간 카펫 위에 내려앉았다. 앰프에 꽂힌 진공관에 빨간불이 켜지고 세숫대야만 한 턴테이블 플랫이 빙글빙글 돌기 시작했다. 시인이 조심스레 카트리지를 그 위에 올려놓자 어른 키를 훌쩍 넘긴 시커먼 대형 스피커가 울부짖었다. 주페의 '경기병 서곡'의 트럼펫 사운드가 거대한 파도처럼 출렁거렸다.

"독일 오디오 시스템은 원래 대형 극장에서 사용하던 기기들이었지요. 이런 작은 공간에서 운용하는 것은 마치 사자와 호랑이를 동물원 우리에 가둬놓는 꼴이랍니다."

몇 년째 우아하고 세련된 브리티시(영국) 사운드에 친숙해진 나에게 독일 사운드는 다소 거칠게 들렸다.

"독일 사운드를 고집하는 특별한 이유라도 있습니까?"

"근육을 지탱하는 뼈대처럼 심지가 확실하고, 무엇보다 소리의 심연을 느끼게 해주니까요. 쾌감이 다릅니다."

경기병 서곡의 포효가 서서히 잦아들자 송 씨가 자리에서 일어나 턴테이블 쪽으로 다가갔다. LP판이 바뀌었다. 이번엔 금속성 사운드 대신 현악기의 부드러운 선율이 바람처럼 흩날렸다. 방랑하는 집시의 영혼을 음악으로 전하는 모리스 라벨의 '찌간느'였다. 서늘한 잿빛 풍경을 보는 것 같았다.

"독일 스피커가 거칠고 딱딱한 소리만 내는 것은 아니지요. 일부 사용자들의 편견이 전파된 탓도 있고…."

송재학 시인의 오디오 청음은 1980년대 중반으로 거슬러 올라간다. 당시 국산 '인켈' 전축으로 라이센스 LP를 주로 들었다고 한다. 빈티지 오디오 마니아라면 한 번쯤 경험으로 느꼈을 것이다. 갈수록 사운드의 민감도가 떨어지고 음악적 감동이 제대로 전달되지 못한다는 사실을.

"10년쯤 이 시스템으로 음악 감상을 했지요. 물론 음향기기에 대한 어렴풋한 불만도 따라다녔습니다."

1990년대 말, 시인의 오디오 생활에 결정적인 변화가 일어났다. 야누스 스타커가 연주한 바흐의 무반주 첼로 소나타를 듣고 나서 시스템을 확 바꾸기로 결심한 것이다. 그때까지 귀에 전달되지 않았던 황홀한 소리의 향연을 체험했던 탓도 작용했다. 당장 소리의 입에 해당되는 스피커부터 교체 대상으로 지목되었다. 바꿈질이 시작된 것이다.

"가장 먼저 영국 신사 탄노이 메모리가 들어왔고, 다음으로 독일 병정 텔레풍켄 필드에 머무르다가 괴르텡 막시무스 풀레인지 스피커로 옮겨 10년간 동고동락했습니다."

일반인들에게 낯선 명칭의 이 스피커들은 1940~50년대 영국과 독일 계통의 빈티지로 이해하면 될 것이다. 모두 당대를 대표하는 아날로그적 소리 성향을 간직한 스피커들이다. 지금 구동 중인 스피커는 1930년대 도이치 사운드의 지존으로 대우받는 '크라톤 렉스'다. 턴테이블 역시 당시 독일 방송국에서 사용했던 EMT이고, 톤암은 RF297, 카트리지는 덴마크산 SPU와 히틀러 등이다. 여기에 고전 3극관인 RV258과 5극관 AD1 파워앰프와 노이만 WV2 프리앰프가 연결되어 있다. 60~70살의 이런 늙다리 기기들에 대한 정보는 일단 생략하고, 다만 빈티지 오디오 마니아들의 선망 대상인 고가의 프로 장비로 이해하고 넘어가자.

나의 눈길은 사방 벽면을 빈틈없이 꽉 채운 LP로 향했다. 어림잡아 1만 장은 될 것 같았다. 시인도 벽면을 천천히 훑고 있었다.

"지난 30여 년간 모은 판들입니다. 정확히 세어보지 않았지만 LP가 7천 장, SP가 2천 장, 손바닥만 한 도넛츠판이 5백 장쯤으로 짐작됩니다. CD도 5백 장을 넘으니 모두 합치면 1만 장쯤 되겠네요."

수집한 세월을 감안하더라도 대단한 숫자다. 몇 해 전 서울 마포에서 만난 방송인 김갑수 씨의 3만 장에 비하면 적지만, 개인이 소장하기에는 한계치를 초과한 것으로 비쳤다. 하지만 시인은 지금도 인터넷을 뒤지고 LP판매점을 직접 찾아다니며 새로운 판을 사들이고 있다. 장르가 궁금했다.

"현악, 관현악, 성악, 오페라, 미사곡 등 클래식이 가장 많고 국악, 재즈, 가요, 월드뮤직도 즐겨 듣습니다. 인간이 만들어낸 음악은 지역과 시대를 넘어 호기심을 갖고 감상하는 셈이지요. 다만 전기적 비트가 강한 록 음악은 아직도 이해가 잘 되지 않습니다."

그가 다시 일어나 반대편에 놓인 조그마한 턴테이블 쪽으로 걸어갔다. 1930년대에 생산된 수동용 노이만 축음기였다. 송 씨가 이를 개조해 전기로 플랫을 돌리고, 소리는 혼 대신 클라톤 렉스 스피커가 뿜어내도록 만든 것이다.

일제 시대 활동한 가수 임방울의 SP판 '추억'이 올려졌다. 시인이 손수 깎은 대바늘이 소리골을 따라갔다. 80년 전 조상의 목소리가 대나무 끝의 떨림을 타고 되살아난 것이다. 잡음이 심했지만, 놀랍고 신기했다. 전기가 흐르지 않는 오리지널 사운드! 그 원초적 욕망이 음악 안에도 있다는 사실을 느끼게 하는 순간이었다. 송 씨의 시 「복각판에서 흑백 시간 속에 머물다」의 한 구절이 오버랩되었다.

"축음기 소리는 모천회귀하는 은어처럼 시간의 여울을 거슬러 가게끔 해주었다. 흘러간 시간이란 SP판의 잡음인

양, 모든 희로애락을 느리고 분명하지 않게, 얼핏 잡음처럼 드러내는 것이다."

한때 시인에게 복각판의 잡음이야말로 가장 좋아하던 공간이었다. 잡음은 시간이 고여 있던 흔적이기도 했다. 그냥 고여 있는 것이 아니라 갇힘으로써 자신을 상승시키는 유배지의 문화처럼 역광의 이미지를 가지고 있었던 것이다. 흑백의 시간 속에 머물다 보면 자연스레 잡음을 사랑하게 되고, 잡음을 둘러보면서 몇 편의 소리시를 지었다고 회상했다. 그때 건져 올린 노래들은 시집 『푸른빛과 싸우다』에 수록되어 있다.

「푸른빛과 싸우다 2-김해선의 가얏고 산조 유성기 복각본」「와시표 일축죠선소리반-가야금 독주 진양됴 안기옥 장고 이홍원」「해금의 두 줄 중 바깥 줄은 가늘어 높은 소리가 나고 안쪽 줄은 굵어 낮은 소리가 난다」「철아쟁」「피리」 등 제목들이 악기와 아날로그적 리듬을 연상시킨다.

임방울 목소리가 멈추고 다시 EMT 턴테이블 위에 놓인 LP가 돌아갔다. 클라톤 스피커에서 남자의 묵직한 바리톤 목소리가 검은 구름처럼 방 안을 덮쳤다.

오치 쵸르늬에, 오치 스트란늬에~

오치 쥬글리치에 이 쁘레크리스늬에~

까끄 류블류 야 바스, 까끄 바유시 야 바스~

즈나찌, 우비젤 바스 야 브 네도브리 챠스~

러시아 성악가가 러시아어로 부르는 '검은 눈동자' 였다. 멜로디는 익숙했지만 무슨 뜻인지 알 수 없었고, 자켓에 인쇄된 키릴 문자는 발음조차 불가능했다. 그런데 송 씨는 이 난해한 알파벳을 읽고 해석까지 덧붙였다. 몇 해 전부터 러시아 민속음악을 좋아하게 되어 급기야 독학으로 습득한 것이라고 귀띔했다. 외골수 열정이 존경스러웠다. 하지만 시인은 겸손하게 손사래를 치며 필자에게 러시아어 배우기를 권했다. 가사의 내용을 이해하며 감상한 '검은 눈동자' 는 광활한 대지 위를 퍼붓는 뭉클한 사랑의 소낙비였다.

검은 눈동자여, 강렬한 눈동자여,

열정적이고 아름다운 눈동자여,

얼마나 내가 그 눈동자를 사랑하는지

얼마나 내가 그 눈동자를 두려워하는지

불행한 순간에 나는 그대를 만났다오.

자정 무렵, 시인은 오디오룸 한편에 꾸며진 작은 집필실로 들어갔다. 그곳엔 갖가지 문학 잡지와 수백 권의 단행본들이 책상 위에 꽂혀 있었다. 시 창작의 공간인 셈이다. 음악과 문학이 동거하는 오디오 룸을 빠져 나왔을 때 도시의 밤하늘은 푸른빛을 품고 있었다.

당신 곁으로

고독과 침묵 속에서 수행 정진하는 그리스도교 수도승들의 삶을 가까이서 들여다보는 것은 쉽지 않다. 그들은 대부분 독방에서 속세의 정치·경제·사회·문화적 가치와는 담을 쌓은 채 홀로 일생을 보내기 때문이다. 은둔자들은 보통 결혼이나 출산 등 자연이 부여한 최소 본능까지 금기의 대상으로 보았다. 5세기 무렵부터 이집트 사막으로, 혹은 수도원 담장 안으로 피신한 그들에게 인간과의 인연은 매스꺼운 잡담에 불과했을까?

은수자隱修者들의 최종 목적지는 참회와 기도를 통한 영혼의 안식이었다. 하지만 그것은 엄청난 육체적 고행과 초자연적 신앙 없이는 결코 도달할 수 없는 요새였다. 이들이 선택한 피안의 세계는 어쩌면 속세의 땅보다도 더욱 거친 사막이었는지도 모른다. 혀끝을 유혹하는 산해진미에 대한 추억, 육신의 쾌락을 선사하는 에로티시즘에로의 갈망, 절대적 신앙심을 뒤흔드는 불쾌한 악령들…. 이런 훼방꾼들은 저잣거리보다 더 많았을 것이다.

"하느님이 왜 나를 부르시지 않는지…. 빨리 당신 곁으로 가고 싶은데…."

수도원 독방에서 77년을 보낸 노老수도사의 얼굴엔 웃음꽃이 가득했다. 주민등록증을 들여다보니 이석철, 1914년 12월 13일생으로 적혀 있었다. 보통 사람들의 일생에 견주면 분명 101살은 지나치게 장수한 것이다. 이쯤 되면 표정과 동작 어디엔가 죽음보다 더 슬픈 늙음의 그림자가 어른거려야 하지 않겠는가. 하지만 그는 청춘의 쾌활함과 노년의 평온함을 조화롭게 유지하고 있었다.

"10년 전부터 소화력이 떨어지고, 청력이 좀 가물거리고, 예전에 다친 무릎 때문인지 걷기가 좀 불편하네요."

찻잔을 든 그의 손이 좌우로 약간 흔들렸다. 청빈과 금욕, 노동을 빈틈없이 실천해 온 수도자지만 육신의 노화는 비켜갈 수 없는 자연의 섭리인 모양이다. 그러나 정신의 힘줄은 팽팽하고 단단했다. 아득히 먼 과거를 회상하는 당신의 기억은 정확했고, 상황을 묘사하는 표현은 명료했다.

지금도 그는 하루 다섯 차례의 성무일도에 빠짐없이 참석하고, 동료 수도자들을 위해 버찌와 무화과 잼을 만든다.

일제 식민지 시절이었던 1938년, 그는 속세의 꿈을 접고 수도원으로 발길을 돌렸다. 세상과의 마지막 인연이었던 이름도 바꿔 버렸다. 세례명인 미카엘로! 청춘의 끝자락인 24세였지만 그때까지 그가 한 일은 공부밖에 없었다. 처음 수도원에서 한 일은 인쇄소에서 제본 작업이었다. 그후 농장에서 젖소와 돼지를 기르기도 하고 다음에는 수도원 문간 담당이었다. 6.25 전쟁 기간 중에는 부산에서 300여 명의 피란민들을 돌보기도 했다.

"정말 힘들고 고된 시절이었습니다. '기도하고 일하라!'는 성 베네딕도의 가르침을 따라 살지 않았더라면 극복할 수 없었겠지요."

내가 처음 그를 만난 곳은 왜관 성 베네딕도 수도원 문간이었다. 37년 전의 일이다. 검은 수도복을 단정하게 차려입은 그는 이미 환갑을 훌쩍 넘긴 노년이었지만 표정은 밝고 환했다. 말은 없었고 친절만 베풀었다. 수도원 문간은 바깥세상과 연결된 유일한 통로다. 그곳에서 그는 40년간 하루도 빠짐없이 금지구역으로 향하는 세속 사람들을 다정하게 맞이하고 있었다. 그들의 영혼을 위로하면서!

수도자 미카엘은 지난 1994년, 향년 80세를 맞아 모든 일과 직책을 내려놓았다. 세상의 기준으로 보자면 정년퇴임이다. 공동체 수도원에서 부과된 노동에서 제외된 셈이다. 어쩌면 그때부터 진정한 영혼의 노동이 시작된 것인지도 모른다. 완전한 은둔과 고독 속에서 매일 다섯 번 올리는 성무일도와 개인기도 그리고 묵상이 그의 하루 일과 전부다. 하지만 이것들은 빙산의 일부일 뿐이다. 수도승의 내적 생활은 영원한 신비에 쌓여있기 때문이다.

두 번에 걸친 대화를 끝내고 수도원 봉쇄구역으로 걸어가는 노수도자의 발걸음은 유령처럼 가벼웠고, 성당에서 울려 퍼지는 파이프 오르간 소리는 천둥처럼 무거웠다.

떠났노라, 보았노라, 느꼈노라!

여행은 생각의 산파産婆다. 가끔 큰 생각은 큰 풍경을 요구하고, 새로운 생각은 낯선 장소를 원한다. 이것은 눈앞에 보이는 것과 머릿속에서 떠오르는 상념 사이의 상관관계 때문일 것이다. 멈칫거리기 일쑤인 마음 속 근심들도 흘러가는 풍광의 도움을 받으면 잘 풀릴 때가 있다.

시끄럽고 산만한 도시 한가운데서 마음이 헛헛해질 때, 우리는 호숫가에 펼쳐진 버들가지들에 의지하면서 천박한 노여움을 조금 무디게 할 수 있다. 어쩌면 가장 슬플 때 위로의 손길을 건네는 것은 슬픈 책이고, 사랑할 사람이 없을 때 차를 몰고 가야 할 곳은 외로운 휴게소일지도 모른다.

일상을 기억나게 하지 않는 다른 먼 곳, 질서와 아름다움, 고요와 쾌락이 있는 곳, 다른 대륙으로 떠나는 꿈은 언제나 우리에게 황홀한 설렘을 갖게 한다.

몇 해 전, 나는 여행의 시인 샤를 보들레르가 한동안 체류했던 호텔 드 디엡de Dieppe을 찾았다. 파리의 생 나자르역 근처에 위치한 이 호텔 프런트에는 남루한 차림의 흑인이 꾸벅꾸벅 졸았고, 맞은편 벽에는 보들레르의 사나운 얼굴 부조가 걸려 있었다.

싸구려 호텔이었다. 시인이 머물렀던 3층 객실은 비좁았고, 이불은 잘 정돈되지 않았으며, 침대는 삐걱거렸다. 보들레르는 이곳에서 즐거움과 고통을 심어준 혼혈 여인 잔 뒤발과 함께 이상주의와 냉소주의 사이를 오락가락했던 것이다. 그러다 파리의 대기가 그를 짓누를 때면, 혹은 세상이 단조롭고 작아 보일 때면 어디론가 떠났다. 그는 평생에 걸쳐 아늑한 집보다 항구, 역, 기차, 배, 호텔방에 더 이끌렸고, 여행을 하다 잠시 머무는 곳에서 더 편안함을 느꼈다.

"열차야, 나를 너와 함께 데려가 다오, 배야, 나를 여기서 몰래 빼내다오!

나를 멀리, 멀리 데려가 다오. 이곳의 진흙은 우리 눈물로 만들어졌구나!"

12시간의 비행기 여행, 그리고 지하철을 타고, 계단 오르내리기로 지친 나는 가방도 정리하지 않은 채 침대에 벌렁 드러누웠다. 몹시 피곤했지만 잠은 오지 않았다. 완전히 홀로 된 느낌이었다.

'나는 지금부터 여기서 무엇을 해야 하나? 무슨 생각을 해야 하나?'

문득 미국의 화가 에드워드 호퍼의 유화 몇 점이 눈앞에 떠올랐다. '호텔방' '주유소' '293호 열차 C칸' '자동판매 식당' …. 고립과 외로움에 관한 그림들이다. 하지만 호퍼의 손을 거치면 이 쓸쓸함이 강력한 매력을 발산한다.

그림 속 인물들은 모두 집에서 멀리 떨어져 혼자 있었다. 혹은 호텔 침대 가장자리에서 편지를 읽거나 바에서 술을 마신다. 창밖의 움직이는 기차를 물끄러미 바라보거나 호텔 로비에서 책을 읽는다. 상처 받은 듯 자기 내부를 응시하는 표정이다. 방금 떠나왔거나 누군가를 떠나보낸 것 같다. 그들은 일이나 섹스, 친구를 찾으며 오래 머물지 않을 곳에서 떠돌고 있는 것이다. 시간은 주로 밤이다. 창문 너머로 어둠이 다가오고, 젊은 시골 또는 낯선 도시의 위협이 그 뒤에 도사리고 있다.

여행의 위험은 우리가 적절하지 않은 시기에, 즉 제대로 준비가 되지 않은 상태에서 사물을 볼 수도 있다는 점이다. 사실 우리 앞에 펼쳐진 세계는 바닥을 드러내지 않는 보물창고지만 익숙함과 이기적인 염려 때문에 눈이 있어도 보지 못하고, 귀가 있어도 듣지 못하며, 심장이 있어도 느끼지 못한다.

도시인들은 대부분 뚜렷한 관점이 없기 때문에 길거리나 저녁 식탁에서 오고 가는 대화에 귀를 곤두세운다. 그들은 먹고 살기가 편해도 자신에게 진정으로 부족하지도 않고, 자신의 행복을 좌우하지도 않는 새로운 것을 끊임없이 요구한다. 이런 혼잡하고 불안한 곳에서는 다른 사람들과 진지한 관계를 형성하는 것이 어렵고 불가능하다.

몇 주 후, 다시 파리에서 대구로 돌아왔지만, 도시는 고집스럽게도 변하지 않았고 무심했다. 혼자 여행을 떠나니 좋다는 생각이 들었다.

3부
의사 김성호의 서재

오도 아빠스와 작별

"전 선생님 오늘 오후 3시 15분 오도 아빠스 님이 별세하셨습니다."

평소 가깝게 지내던 현익현(바르톨메오) 신부님으로부터 온 휴대폰 문자였다. 독일인 성직자답게 문장은 짧았다. 2월 17일 일요일 오후 6시를 지나고 있었다. 그가 문자를 보낸 시점에서 3시간이나 흐른 셈이다. 하지만 나는 답변을 보낼 수가 없었다. 부끄러운 현기증이 일어났기 때문이다. 감포에서 대구로 들어오는 나의 승용차 운전대가 흔들렸다. 국도 옆길로 황급히 차를 세웠다. 창문을 열고 담배에 불을 붙였다. 게으른 자책감을 차가운 하늘로 날려 보냈다.

"한 번이라도 더 아빠스 님을 찾아뵈었어야 했는데…"

바로 3일 전의 혼돈스러운 기억이 떠올랐다. 내가 살아 있는 오도 아빠스 님을 마지막으로 본 것은 파티마병원 중환자실이었다. 면회 시간은 하루 20분, 1회뿐이라는 병원 관계자의 설명을 들으며 나는 마음을 다잡았다. 침상 위에 누운 노老성직자의 모습은 참담했다. 양쪽 콧구멍엔 투명관이 꽂혔고, 팔목을 찌른 호스엔 맑은 액체가 천천히 흘렀다. 오른편 머리맡에는 LED판이 장착된 의료기구가 냉혹하게 놓여 있었다.

그는 한때 대수도원장이었지만, 죽음을 앞두고 수십 년간 동고동락했던 수도자들로부터 지금은 완전히 격리된 것이다. 살아 숨 쉬는데도 이미 외톨이가 된 것인지도 모른다는 생각이 스치자 나는 몸서리쳤다. 눈을 지그시 감은 수도승은 입을 벌린 채 숨을 할딱거렸다. 죽어가는 그에게 몇 마디 말이 절실한데도 도무지 입을 열 수가 없었다. 통통하게 부푼 그의 손등에 내 손바닥을 조심스레 얹어보았다. 희미한 온기가 전해졌다. 순간 푸른 눈빛이 나를 응시하며 분홍빛 혀가 조금 떨렸지만 음성으로 만들지는 못했다.

"왜 팔십 평생 어질게 살았던 이 수도승이란 말인가? 왜 하필 지금인가? 왜 이런 방식인가?"

중환자실을 나오며 나는 이 질문을 수없이 던졌다. 빌어먹을 이 고독한 사막에 발을 들여놓은 순간 모든 희망을 버려야 한다는 어두운 예감이 온몸을 휘감았다. “이러다가 회복될 수도 있어요….” 물기를 머금은 오도 아빠스의 푸른 눈동자를 한없이 바라보고 있을 때, 환자들을 체크하던 무표정한 간호사의 희망 메시지를 떠올려 보기도 했다. 하지만 침묵이 무거운 외투처럼 이 수도승의 어깨를 내리누르고, 나는 오랫동안 그 침묵에서 헤어나질 못할 것이라는 절망감을 떨칠 수 없었다.

현 신부님의 문자메시지를 읽은 다음 날 아침, 나는 출근하자마자 하루 연가 신청을 내고 왜관 성 베네딕도 수도원으로 차를 몰았다. 죽음의 가면이 덮치기 전 수도승이 살았던 흔적을, 견디기 힘든 고통과 그리스도교적 구원의 징표를 찾고 싶었다. 대성당문에는 ‘상중喪中’이라는 검은 붓글씨가 붙어있었다. 그의 시신이 안치된 소성당 앞으로 갔다. 문 옆에 앉은 젊은 수도자가 조그마한 엽서를 건네주었다. 빙그레 미소 짓는 오도 아빠스의 마지막 사진이었다. 뒷면에는 88세(수도서원 66년)로 선종한 그의 이력이 적혀있었다.

“하느님, 저희가 드리는 기도를 들어 주시고, ‘오도 아빠스' 에게 주님을 뵈옵는 영광을, 가족들에겐 은총을 내려 주소서…."

몇몇 신자들의 기도 소리가 작은 성당 안을 메웠다. 제대 앞에 놓인 유리관으로 슬그머니 다가가 보았다. 검은 수도복을 입은 그의 양손은 묵주와 주교지팡이를 잡고 있었다. 잠든 두 눈, 꽉 다문 입, 검푸른 이마는 3일 전에 보았을 때와는 달리 평화롭게 보였다. 휴대폰 사진으로라도 남기고 싶었지만 불경스런 행동으로 비칠까 꾹 참았다. 그의 주검엔 이제 육신의 통증도 영혼의 희로애락도 없으리. 저승길로 떠나간 오도 아빠스는 이제 후배 수도자, 혹은 나처럼 그와 인연을 맺었던 세속인들의 기억 속에서만 생존하겠지.

"선한 눈과 시기하는 눈이 있다. 시기하는 눈에 다치지 않도록 조심하라."

코란의 구절이 떠올랐다. 지난 세월, 수없이 마주했던 그의 착하고 푸른 눈동자를 다시 볼 수 없다고 생각하니 슬픔이 밀려왔다. 불과 몇 달 전까지만 해도 그는 100살까지 살 수 있다며 껄껄 웃었다. 왜냐하면 자신은 똑똑하기 때문이라고. 노수도승의 유쾌한 언어와 표정은 나에게 삶의 긍정과 낙천을 불러일으키곤 했다. 그러던 그가 중환자실에서 마지막 병자성사를 받을 때 심정은 어땠을까? 죽어가는 자의 영혼을 죽음과 화해시키기란 쉬운 일이 아닐진데….

"Requiem aeternam dona eis Domine et lux perpetua luce at eis.(영원한 안식을 그에게 주소서 주님, 또 영원한 빛이 그에게 비추어지리라.)"

80여 명의 수도승들이 합창하는 라틴어 성가가 천둥 같은 파이프 오르간 소리에 맞춰 대성당 안에 울려퍼졌다. 오도 아빠스가 임종한 지 3일 후 봉헌된 장례미사에는 200여 명의 신자들도 참석하고 있었다. 강론은 수도원 동료 신부인 이석진 신부의 회고담으로 시작됐다. 그는 1959년 오도 아빠스가 왜관수도원으로 파견된 후, 며칠 전까지 함께 지냈던 동료였다. 그는 먼 옛날 오도 아빠스와 소꿉친구처럼 깔깔거리며 산책하고 물놀이하던 추억들을 전했다. 이 신부의 목소리는 심하게 떨리고, 가끔 말을 잇지 못한 채 머뭇거렸다.

"잘 가세요. 당신과 함께했던 지난 날들은 감사하고, 행복하고, 고마웠습니다."

고별강론이 끝나자 한 젊은 수도자가 제대 앞 멀찌감치 놓인 오도 아빠스의 관 위에 백합 한 송이를 공손하게 얹으며 고개를 숙였다. 수도원에서 진행되는 장례식은 살아남은 자가 바치는 아름다운 헌화獻花라는 생각이 들었다. 참석자들의 애틋한 감정과 의미가 사라진 일반 병원 장례식에서는 볼 수 없던 풍경이었다. 물론 죽은 그가 어떤 대접을 받는지 알지 못하겠지만!

하느님께 당신의 삶 전체를 맡기자고 했을 때 그가 순순히 받아들였다는 현 신부의 전언이 순명의 미덕으로 다가왔다.

운구차를 따라 수도원 공동묘지에 도착했을 때 잿빛 하늘이 내려앉았다. 그보다 먼저 이승을 떠난 수도자들의 묘지 맨 위쪽에 깊은 구덩이가 입을 벌리고 있었다. 하관예식이 시작되었다. 중년의 수도원장이 성수를 뿌리며 기도를 올렸다.

"모든 죄에서, 영원한 죽음에서, 연옥의 시련에서, 하늘의 성인들이여 오소서, 주님 자비를 베푸소서…."

나도 기도문을 따라 읽었다. 옆에 선 수녀는 눈물을 닦았고, 몇몇 여인들은 흐느끼며 어깨를 들썩였다. 반대편에서 있는 현 신부님의 축 처진 어깨를 보자 나도 그만 참았던 눈물을 쏟고 말았다. 무덤 속에서조차 품위를 지키려는 당신의 육신이 흙으로 변할 것이라는 생각을 떠올리며. 하지만 현 신부는 눈물을 보이지 않았다. 지난 50년 동안 오도 아빠스와 수도생활을 함께했던 그의 마음을 어떻게 가늠할 수 있겠는가. 나는 가파른 계단을 내려오는 현 신부의 팔을 살짝 붙잡았다. 그는 침묵했다.

일주일 후 나는 노수도승이 영원히 잠든 무덤을 다시 찾아가 보았다. 따스한 봄 햇살이 그의 묘를 달구고 있었다. 검은 묘비석엔 '오도환 오도 아빠스, 왜관 수도원 초대 아빠스, 대구대교구 왜관 감목대리구장 그리고 1931년 3월 4일 출생, 2019년 2월 17일 선종' 이것이 전부였다. 검은 묘비석엔 하얀 장미 화환이 기대있었다. 언제나 쾌활했던 그의 목소리가 들려왔다.

"전 베드로, 너는 어떻게 살았는가? 누구를 사랑했는가? 무엇을 이루고, 무엇을 놓쳤는가? 남은 할 일은 무엇인가?"

찬트 그레고리안

“베니 상띠 스피리뚜스…, 키리에 엘레이송…, 미세레레 노비스…, 알렐루야….”

귓전을 파고드는 이 낯선 언어와 단정한 선율이 넓은 성당 안을 가득 메우고 있다. 그런데 청중은 없다. 목소리의 주인공은 온갖 세상 인연들을 삭둑 자른 수도사들이다. 그들은 매일 네 번, 죽을 때까지 이 중세 천년의 노래를 부른다. 자신들을 위해 혹은 하느님을 위해, 거칠고 힘차게 때로는 청아하고 구슬프게!

우리는 이 음악을 뭉뚱그려 ‘그레고리안 찬트’ 라고 명명한다. 이것을 상세하게 이해하려면 서양음악사의 복잡하고 난해한 내용 설명이 뒤따라야 하겠지만 일단 생략하기로 하자. 다만 이 장르는 8세기경 교황 그레고리우스가 이를 짓고 체계화했다는 정도로만 짚고 넘어가자. 보통 사람들에게 음악은 이론보다 소리가 더 중요하니까.

나는 지난 30여 년간 틈만 나면 왜관 베네딕도 수도원 성당 뒷자리에 앉아 찬트 그레고리안을 듣고 또 듣고, 가끔은 따라 부르기도 했다. 가사의 줄거리처럼 하느님을 찬양하고 용서를 비는 신앙심이 발동한 것은 아니고, 반주도 없이 단선율로만 이어지는 지루한 리듬에 풍덩 빠진 것도 아니었다. 그런데 왜 끊임없이 그곳을 찾았을까?

60여 명의 남성들이 부르는 그 강력한 보컬 사운드에는 극적인 호화로움이나 쾌감은 없다. 대신 정신세계의 간결함과 탈기교의 진솔함, 영혼을 뒤흔드는 음악미가 물씬 뿜어져 나왔기 때문이리라. 그들에게 그레고리안 성가는 아름다움뿐 아니라 자신들의 하느님을 기쁘게 하고 이승과 저승의 삶에서 축복을 내려주는 도구로 비쳤다.

찬트 그레고리안은 내가 가끔 듣던 베토벤과 말러의 교향곡이나 브람스의 소나타, 쇼팽의 피아노곡 등과는 분위기가 달랐다. 어깨에 힘이 잔뜩 들어간 음악적 공격성, 달콤하거나 우울한 서정성을 주입하지 않았다. 정체모를 자아의 흔들림을 유도하는 재즈, 인공조미료를 잔뜩 뿌린 팝과 가요와도 거리가 한참 멀었다.

그렇다고 세속음악의 시적 정취나 자유로운 영혼을 품은 매력까지 비판할 생각은 없다. 단지 이런 사운드들이 나에겐 황홀한 술처럼 달콤 쌉쌀하기도 했지만 가끔은 괴팍하고 공허하며 위태롭게 들릴 때가 있었다는 것이다. 나아가 영혼의 비상은커녕 상상력을 짓누르고 일상의 평상심을 뒤뚱거리게 했던 경험도 고백하고 싶다. 한쪽으로 심하게 휜 것을 바로잡으려면 반대쪽으로 화끈하게 잡아당겨야 하는 법. 그래서 오늘 아침 클래식 선율 대신 몬트세라트 베네딕도 수도원에서 녹음한 그레고리안 찬트를 턴테이블 위에 올려놓았다.

마르셀 뒤샹

- 삶과 유희는 다르다

출발은 당혹감과 호기심이었다. 예술가 마르셀 뒤샹에 대한 나의 이미지는 설치물 〈소변기〉, 〈자전거 바퀴〉와 유화작품 〈계단을 내려오는 누드〉 그리고 사진으로 잘못 알았던 〈누드모델과 체스 두는 뒤샹〉 등이다. 이어 레오나르도 다빈치의 명화 〈모나리자〉의 얼굴에 콧수염, 턱수염을 익살스럽게 그려 넣은 사진도 떠오른다. 제목으로 붙여진 'L, H, O, O, Q'는 암호로 남겨진 채 세월의 창고에 묻혔다. 훗날 이 대문자들이 "그녀의 엉덩이는 뜨겁다"라는 프랑스어 발음과 동일하다는 사실에 야릇한 흥분을 느끼기도 했다.

불쾌한 냄새가 연상되는 공중화장실 소변기, 누구나 한 번쯤 올라타고 달렸던 자전거의 바퀴…. 이런 '물건'들을 유명 미술 전람회에 버젓이 내밀었던 뒤샹의 짓궂음에 나는 혼란스런 경이감을 이미 갖고 있었다. 〈계단을 내려오는 누드〉는 또 어떤가? 아무리 상상력을 모아봤자 벌거벗은 인체를 찾아내기는 불가능했다. 솔직히 중세 기사들의 갑옷이나 현대의 강철 로봇의 움직임에 가까운 이 화면을 '누드' 라고 우기는 이 예술가는 분명 관객을 향해 독선적인 경멸을 퍼붓는 것만 같았다. 이것이 지금까지 뒤샹에 대한 나의 인상기다.

2019년 1월 첫 일요일 오전, 나는 경복궁 옆 서울현대미술관 매표소 앞에 홀로 섰다. 서울의 겨울바람은 몹시 차가웠으나 건물 안은 따뜻한 공기로 가득 차 있었다. 관람객은 몇 명 되지 않았다. 나는 두꺼운 외투와 무거운 등가방을 로커 안으로 밀어 넣었다. 입장료는 4천 원! 요금이 좀 싸다는 느낌이 스쳤다. 기본권 3천 원에 '뒤샹 특별기획전' 관람료 1천 원 추가라는 젊은 여직원의 친절한 설명을 뒤로한 채 곧장 뒤샹 전시장으로 들어갔다. 룸 조명은 어둠침침했으나 천장 라이트는 벽에 걸린 작품을 향해 은은하게 꽂히고 있었다.

오랜만에 갖게 된 뒤샹과의 만남은 그동안 내가 지녔던 얇은 현대미술 인식을 이리저리 끌고 다니기 시작했다. 첫 번째 방에 걸린 뒤샹의 그림은 20세기 초 프랑스 화단에서 유행했던 스케치와 유화들이었다. 인상파풍의 〈블랭빌 교회〉, 폴 세잔의 무뚝뚝한 인물화를 닮은 〈예술가 아버지의 초상〉, 〈의사 뒤무셀의 초상〉, 폴 고갱의 타히티 여인들을 연상시키는 〈파라다이스〉, 〈수풀〉이 눈에 들어왔다. 이들 유화들의 제작연도를 보니 1910년경, 뒤샹이 20대 초에 그린 작품인 셈이다. 몇몇 스케치들은 신문 혹은 잡지의 삽화 수준이었다.

두 번째 방에는 큐비즘의 기수 피카소의 〈아비뇽의 처녀들〉의 화면과 비슷한 〈초상(뒬시네아)〉 살바토르 달리의 초현실주의풍의 〈찢어져 누더기가 된 이본느와 마그들렌〉이 걸려 있었다. 잠깐 쳐다보다 옆 그림으로 발길을 옮겼다. 익숙했기 때문일까. 그런데 다음 작품 앞에는 몇몇 관람객들이 호기심 어린 눈빛과 난감한 표정으로 서성거렸다. 미술사에서 회자되던 〈계단을 내려오는 누드〉, 〈처녀에서 신부로의 이행〉, 〈킹과 퀸을 에워싼 날랜 누드들〉이었다. 나 역시 사진으로만 보았던 이 그림들을 찬찬히 해석해 보고 싶었다.

프랑스 화단의 '충격적인 사건'으로 던져진 이 유화들은 공교롭게도 당시 파리에서 열린 '독립전'에서 출품 거부

당했던 것이다. 궁금증이 슬슬 일어났다. 나는 세 작품들의 제작연도부터 살펴봤다. 모두 1912년에 그린 회화들이었다. 그렇다면 앞에서 보았던 인상주의와 초현실주의 그리고 입체주의풍의 그림들로 이어진 화풍의 기법적 이동이 고작 3년 안에 성취된 결과물이었단 말인가. 경탄스러웠다. 이렇게 짧은 기간 중에 뒤샹은 유행의 물줄기 속을 마구 헤엄쳐 다녔던 것이다. 그리고 그는 컨버스와 물감, 붓을 던져버렸다.

뒤샹의 다음 여정은 과연 무엇일까? 아래층에 마련된 제3전시장으로 내려가는 통로는 좁은 계단이었다. 나는 방금 전에 본 〈계단을 내려오는 누드〉를 떠올려 보았다.

"실오라기 하나 걸치지 않은 미녀가 이 계단을 천천히 내려간다면 어떤 풍경으로 비쳐질까?", "보통 사람들에겐 훨씬 더 에로틱한 '예술적' 상상력을 자극하지 않을까?"

나의 천박한 상상력이 채 가시기도 전에 내 앞에 놓인 '물건' 들은 〈자전거 바퀴〉와 〈샘; 소변기〉, 〈병걸이〉였다. 제법 사람들로 북적거렸다. 이들 중 몇몇 선남선녀들은 휴대폰으로 연신 셀프촬영에 몰두하고 있었다. 도시인들의 공허한 미소와 품격을 찾아볼 수 없는 복장이 묘하게 어울리는 듯했다. 뒤샹이 살아서 이 광경을 목격한다면 어떤 생각을 할까?

"그래, 바로 그거야! 예술품이란 바로 이런 거야. 오케이. 니들 방식으로 실컷 즐기라구. 틀 속에 갇힌 캔버스의 붓질만이 꼭 예술이라고 우길 필요는 없잖아. 난 말이야, 화가들이 창작품이랍시고 황금과 맞바꾸는 그림들이나, 평론가들이 창조라고 떠들어대는 개소리들이 정말 역겹거든."

뒤샹은 죽기 몇 년 전, 한 인터뷰에서 "나에게 그림은 강요된 화면 채우기에 불과했고, 캔버스와 붓을 포기한 것은 싫증났기 때문"이라고 회상했다. 그는 또 "평생 예술에 무관심했으며, 단지 예술가들에게만 관심을 쏟았다."고 솔직하게 털어놓았다. 나는 뒤샹의 전통 회화에 대한 야유와 냉소를 곱씹으며 다음 방으로 들어갔다.

두 장의 흑백사진 〈에로즈 셀라비as Rrose Selavy〉가 눈에 확 띄었다. 고혹적인 눈빛을 슬프게 머금은 이 여자는 서른세 살 뒤샹의 얼굴이다. 그는 왜 여장을 하고 사진을 찍었을까? 알파벳 철자는 일치하지 않지만 프랑스어 'eros, c' est la vie' 즉 '에로스, 그것은 인생'이라는 말로 들린다. 남성의 육체를 타고난 자신과 가끔 스멀거리는 여성의 영혼을 변장 퍼포먼스로 실천하고 싶어서일까? 아니면 남자의 심연 속에 숨어있는 여성 페르소나(정체성)의 탈을 쓰고 착시와 언어 게임을 탐구하고자 했던 걸까?

이런 상상은 바로 옆에 걸린 '큰 유리' 너머에서 이브 바비츠(누드모델)와 체스 두는 뒤샹으로 옮겨가면 해석은 더욱 미궁 속으로 빠진다. 66세가 되던 어느 날, 그는 벌거벗은 아가씨와 체스판을 앞에 두고 왼손을 턱에 괸 채 상념에 젖어 있다. 늙은 사내는 정녕 체스게임을 벌이는 걸까? 아니면 나체 여인의 육체, 그녀의 머릿속을 훑고 있는 걸까? 검정색 양복에 검은 뿔테 안경을 쓴 뒤샹의 옆모습은 무념무상의 포즈 같다. 이것도 예술인가. 어리둥절하다.

이 전시장 왼쪽 벽면엔 '14세 미만은 보호자의 안내가 필요합니다'는 경고문이 붙어있었다. 몇 년 전 일본의 한 미술관의 포르노 코너를 떠올리며 쑥스러운 마음으로 들어갔다. 호기심은 살짝 실망감으로 변했다. 남녀 섹스포즈를 스케치한 연필 그림 몇 점, 남자의 성기를 연상시키는 조각품, 여성의 음부를 묘사한 사진과 눈으로 확인 불가능한 필름 조각들이 유리관 안에 놓여 있었다. 정신 바짝 차리고 관찰했지만 조잡하다는 생각을 떨칠 수 없었다.

맞은편 벽면에 붙은 뒤샹의 최후 설치작품을 사진으로 현상한 〈에탕 도네〉, 이건 또 뭔가. 얼굴 없는 여인은 풀밭

위에 누워 양쪽 다리를 쩍 벌리고 있다. 그녀의 손은 남성의 성기를 치환한 폭포의 물을 받는 것으로 짐작된다. 사진을 비추는 조명이 흐릿해 그녀 주위에 흩어진 나머지 형상물들은 잘 식별할 수 없다. 뒤샹은 죽기 전까지 노년의 대부분을 이 설치작품에 골몰했지만 나에겐 예술적 감흥이 전혀 일어나지 않았다.

뒤샹의 시대는 참으로 불행했다. 젊은 시절 1, 2차 세계대전의 처절한 살육 현장에서 빠져나와 미국으로 도주하지만 양심의 혈액까지 멈추게 할 수는 없었으리라. 몽마르트르의 보헤미안은 잠깐 결혼생활을 했지만 평생 독신으로 가난하게 생활했다. 어쩌면 다정한 아내와 귀여운 자식, 편안한 집 대신 자신만의 예술적 명상과 은둔, 이방인의 냉소적 위트를 벗삼아 살았는지도 모른다. 인간과 사물을 미학적 거울을 통해 바라볼 수 없었던 뒤샹의 삶과 예술은 슬픈 종소리로 나의 귓전을 울렸다.

두봉 주교의 노년

마을길을 따라 두 바퀴 돌았지만 두봉杜峰 주교의 집을 찾지 못했다. 휴대폰으로 다시 길을 물었다.

"그 자리에 있으세요. 내가 나갈 테니…."

10m쯤 떨어진 곳에서 걸어오는 모습은 3년 전 나를 만났을 때처럼 건강해 보였다. 악수하는 손은 부드러웠지만 힘차고 유쾌했다. 마음속으로 그의 나이를 헤아려보니 88세였다. 환갑을 넘기고 26년을 더 살았으니 노년의 끝자락에 이르렀다는 생각이 스쳤다. 응접실로 들어서자 삼복더위의 열기가 가득했다.

"나이가 들면 실수가 잦아져요. 기억력이 떨어져 가끔 약속을 잊어버리고, 사람을 착각하고, 판단력과 의지력도 약해지고…."

길을 제대로 찾지 못한 나를 위로하는 말로 들렸지만, 자신이 겪고 있는 노년의 고통을 묘사하는 듯했다. 병에 든 커피와 크림, 설탕을 내놓았다. 건강과 일상에 대해 물었더니 박장대소하며 손사래를 쳤다. 문제없다는 뜻으로 알아들었다.

"한국에 와서 생마늘과 양파, 김치 등을 즐겨 먹다 보니 위장이 조금 부담을 느끼는 것 같아요. 다른 곳은 이상무…. 1년 중 절반은 강연과 피정지도를 하느라 전국 방방곡곡을 누비니까요."

두봉 주교가 고국 프랑스를 떠나 우리나라에 입국한 것은 1954년, 이미 환갑을 넘긴 셈이다. 그의 삶은 파란만장한 한국 현대사를 횡단하고 있었으나 회한보다 애정이 넘쳐났다. 단지 요즘 곳곳에서 일어나는 정치적 야단법석과 그것들을 전달하는 매스컴에 대해서는 우려를 표시했다. 약간 심각한 표정이었지만 금세 웃음을 되찾았다. 미소 짓는 성직자의 눈빛이 섬세하게 빛났다. 1990년 안동교구장에서 은퇴한 후의 여정에 대해 물어보았다.

"서울 근교에 있는 작은 성당에서 15년간 지냈지요. 안동을 떠난 것은 후임 주교에게 부담이 될 것 같아서…."

원로 행세를 하며 후임에게 전관예우를 갈망하는 한국

의 법조계 행태들과는 달랐다. 반대로 그는 ㅍ해서 조용히 반성하며, 새로운 각오로 다른 삶을 설계한 것이다. 15년째 거주하는 의성군 봉양면 문화마을 역시 안동 교구 내에서 가장 오지로 꼽히는 곳이다. 고향을 언제나 한국 안동이라고 주장하는 르네 뒤퐁(두봉 주교 세속 이름)의 노년은 나눔을 실천하되 고독한 홀로서기였던 것이다. 다른 동년배 노인에게는 어떤 생각을 하고 있는지 궁금했다.

"강연 중에 꾸벅꾸벅 조는 늙은이들이나 웃음 보따리를 아무리 풀어놓아도 웃지 않는 그들을 보면 무서운 생각이 듭니다. 생동감을 상실한 노년이야말로 죽음보다 더 비참한 것이 아닐까요."

요즘 농사짓는 일이 취미라는 그는 텃밭으로 만든 앞마당으로 나가 토마토와 고추, 가지를 따서 큰 봉지에 담아 나에게 건넸다. 넉넉하고 품격있는 노성직자의 모습을 보았다.

이승하 시인 인터뷰

"먼 길을 오시느라 고생 많으셨지요? 반갑습니다."

서울 지하철 4호선 과천정부청사역 11번 출구 앞에서 손을 내밀며 던진 이승하 시인의 인사말은 다정하게 들렸고, 눈빛은 순박하게 보였다. 하지만 나는 긴장의 빗장을 풀지 않았다. 그를 만나기 전 시인의 속살을 들여다보기로 내심 작정하고 있었기 때문이다.

"제가 사는 아파트가 500m쯤 떨어진 곳에 있어요. 걸어서 갑시다."

"네, 좋습니다."

4차선 대로 양쪽 면에는 한여름 햇살을 속수무책으로 받은 플라타너스 가로수들이 우뚝우뚝 서 있었다. 10분쯤 걸어가자 초록으로 둘러싸인 아파트 군상들이 나타났다. 5층

짜리 옛 콘크리트 건물들이었다. 사방은 조용하고 깔끔하게 잘 정돈되어 있었다.

"20년 전 이곳으로 이사왔지요. 아들 녀석이 태어나자마자 아토피를 심하게 앓아서…. 지은 지 30년쯤 된 낡은 주공아파트지만 주변 공기가 맑아서 앞으로도 이곳에 살 계획입니다."

시인은 매연과 소음이 아토피에 좋지 않다는 의사의 말을 지금도 믿고 있었다. 신혼시절 자식의 건강을 염려했던 부성애가 느껴졌다. 뜨거운 여름 햇살을 벗어나 분홍빛 아파트 철문을 열고 집 안으로 안내했다. 거실 양쪽 벽면을 가득 메운 책들이 눈에 들어왔다. 소파 이외에 다른 가구는 없었다. 독신자 아파트를 연상시켰다. 시인의 창작 공간으로 빨리 들어가고 싶었다.

"시는 어디서 쓰십니까?"

"옆방에서 씁니다."

이승하 시인은 「화가 뭉크와 함께」라는 시로 1984년 중앙일보 신춘문예를 통해 등단했다. 이후 지금까지 시집 8권, 에세이집 3권, 평전 2권, 시창작방법론 등 15권의 책을 펴냈다. 비교적 다작이었던 셈이다. 나는 10여 년 전부터 그의 시집들을 드문드문 읽어왔다. 가슴을 뒤흔드는 감동적인 시도 있었고, 무슨 뜻인지 알쏭달쏭한 시도 있었다. 이번 기회에 그의 입을 통해 지금까지 발표한 작품들의 입구와 출구를 찾고 싶었다. 창작 공간인 옆방에 들어서자마자 문학적 예의를 갖추지 않은 물음을 던져 보았다.

"선생님께서는 시란 무엇이라고 생각하십니까. 그리고 왜 시를 쓰시는지요."

"하하…하하하…."

시인은 당혹스럽고 멋쩍은 웃음을 한참동안 쏟아냈다. 그는 다소 여유롭고 세련된 대화를 기대했던 것 같았다. 그러나 나는 다급했다. 애초 만남의 시간을 2~3시간으로 약속한 터라 본론으로 바로 들어갈 수밖에 없었다. 시인의 표정이 굳어지고 긴장감이 살짝 깔렸다.

"시를 쓰는 입장에서 시의 본질에 대해 말해보라는 것 같은데…. 교과서적인 정의를 벗어난다면 시인에 따라 다르게 설명될 수밖에 없겠지요. 제 경우엔 신춘문예 등단작품인 「화가 뭉크와 함께」가 시의 출발점이라고 생각합니다. 그 작품은 말더듬이 화법을 사용했고, 역사의 한 페이지를 짧게 묘사했습니다. 그리고 중요한 것은 서정시가 아니라는 점입니다."

1960년 경북 김천에서 출생한 그는 성의중학교를 졸업,

김천고교에 입학했으나 2개월 만에 교실과 결별했다. 이후 독학으로 검정고시에 합격했으나 곧바로 대학에 진학하지 않은 채 4년간 가출과 재가출을 반복했다. 집을 뛰쳐나온 동기는 부친의 폭언이었다고 회상했다. 하지만 비행청소년은 아니었다. 고향을 떠난 소년은 서울과 부산의 변두리 지역 독서실에 숨어들어 책읽기와 글쓰기에만 몰두했기 때문이다.

"그때 세상이 그다지 아름답지 않고 힘들기만 한 것을 뼛속 깊이 체험했습니다. 자아와 타아와의 불화를 겪은 탓에 말더듬이 심했으며 불면증까지 덮쳤지요. 대가가 컸습니다. 자연에 감정을 투사하거나 진선미의 아름다움을 노래하는 서정시는 쓸 여유를 갖지 못한 겁니다."

그의 글쓰기는 초등학교 4학년 때부터로 거슬러 올라간다. 김천문화원 도서실에서 소설과 시집들을 읽고 난 후 기억나는 문장들과 소감을 써내려 간 것. 일종의 독서일기였던 셈이다. 중학교 진학 후에는 소년 잡지에 투고하기도 했다. 우연히 이를 본 담임선생님은 그를 교무실로 불러 글쓰기 지도까지 해 주었다. 물론 본격적인 시작詩作은 어머니의 권유로 중앙대학교 문예창작학과에 진학한 이후부터였다.

"그때부터 시인의 길을 걷게 된 셈인가요."

"그렇습니다. 특히 지도교수였던 미당 서정주 선생님과의 만남은 큰 도움이었습니다. 수시로 갈등을 빚기도 했지만! 미당 선생님께서는 세상의 아름다움이 아닌 세상의 아픔을 쓴 저의 시를 '구호'에 지나지 않는다고 꾸짖었지요. 시라는 것이 독자의 마음을 적셔주는 서정성을 벗어나면 무미건조해지거나 거칠어지는 것은 사실입니다. 하지만 저는 그런 위험을 무릅쓰고라도 전통 서정시의 흐름에서 벗어나 인간의 아픔을 시로 옮기기로 그때 결심했습니다."

"아름다운 풍경 대신 비극적 세계관을 끝까지 밀어붙인 건가요."

"네…. 하지만 시어詩語만은 낯선 외래어나 관념어 대신 쉬운 일상어를 고집했습니다. 저의 시편들이 비교적 쉽게 독자들에게 다가간 것은 이런 이유 때문이겠지요. 하하…."

시인이 자신의 시론을 직접 말로 설명하는 게 다소 멋쩍은 듯 너털웃음을 길게 토해냈다. 그러나 나는 웃을 수 없었다. 그의 아픈 과거를 헤집은 것 같아 미안함이 앞섰고, 슬픈 풍경들이 떠올랐기 때문이다. 어색한 분위기를 걷어낼 겸 대화 주제를 바꾸어보았다.

"최근 김대건 신부와 유학자 최익현의 평전을 잇따라 출간했지요. 시인의 별난 외도처럼 보입니다. 특별한 사연이라도 있습니까?"

"집필 동기라면 구한말, 혼란의 시대를 살아간 두 사람의 인간적 매력에 이끌렸기 때문이었습니다. 우리나라 최초의 가톨릭 성직자인 김대건 신부는 약관 16세에 마카오로 떠나 4년간 서양신학을 탐구했고, 조선의 마지막 유학자 최익현 선생은 50년간 왕에게 상소문을 썼습니다. 확고한 신념이랄까, 무소불위의 고집쟁이들이라고나 할까, 아무튼 사내다운 영혼의 소유자들이지요."

"요즘 세상에 활개치는 약삭빠른 남자들의 경박한 이기심을 향한 분통과 경종의 메시지입니까?"

"하하…. 꼭 그런 의도였던 것만은 아니고…. 김대건 신부는 21세에 귀국해 교육과 선교에 매진했지만 약관 25세에 한강 백사장에서 목이 두 동강 난 비운의 청춘이었습니다. 최익현 선생 역시 망해가는 조선을 살리고자 위정척사爲政斥邪를 펼치며 73세의 최고령 의병장이 되었으나 곧바로 체포되어 적지인 쓰시마섬 감옥에서 고문 끝에 숨을 거두었지요. 노령에 목숨 바친 진정한 애국자였습니다."

갑자기 시인의 언어가 단단해지고 비장감이 묻어났다.

책상 위에 놓인 원고 뭉치가 시야에 들어왔다. 그의 설명이 다시 한번 나의 가슴을 후려쳤다.

"전국 20여 개 교도소에서 보내온 재소자들의 시입니다. 7년 전부터 재소자들에게 시 쓰기를 지도하고 있어요. 그들도 아픈 사람들입니다. 시를 통해 그 아픔을 치유토록 도와주는 것도 시인의 몫이지요."

인터뷰 약속 시간을 넘긴 지 1시간이나 흘렀다. 시인은 대학원생들의 논문지도를 위해 직장인 중앙대 캠퍼스로 떠났고, 나는 다시 지하철 4호선을 타고 서울역으로 향했다.

이승하 시인과 다시 만나다

"저녁 6시 지하철 홍대역 2번 출구 앞에서 만납시다."

휴대폰의 흔들림이 손바닥에 전달되었다. 화면을 들여다보니 시인 이승하 교수가 보낸 문자였다.

"아직 4시간이나 남았군."

여유로운 마음으로 나는 잠실 롯데 월드타워 122층 라운지를 천천히 돌며 '대한민국 1등 도시' 서울풍경을 바라보았다. 500m 발아래는 형형색색의 빌딩들이 다닥다닥 붙어 있었다. 마치 조그마한 성냥갑들을 진열해 놓은 듯했다. 현기증이 살짝 지나갔다.

12월의 푸른 하늘은 구름 한 점 없었다. 눈이 시렸다. 그 아래 한강이 늙은 구렁이처럼 드러누워 있었다. 양 옆에는 자동차들이 꼬물꼬물 전진했다. 어릴 때 시골 돌담 아래서 쪼그리고 보았던 개미 행렬 같았다. 난생 처음 보는 광경이었다.

라운지 한편에 마련된 포토존에는 푸른 눈의 금발 청춘 남녀가 찰싹 붙어 카메라를 향해 미소 지었다. 그들이 떠난 후 뻔뻔스레 나도 그 자리에 서보았다. 촬영기사 아가씨가 자꾸만 웃어보라고 채근했다. 애교 섞인 명령에 따라 얼굴 가죽을 흔들어보았지만 어색하기는 마찬가지였다. 환갑을 앞둔 나이에 이 무슨 코미디란 말인가.

지상으로 내려가는 엘리베이터에 몸을 실은 나는 수직 500m 인공산人工山에 올랐던 느낌을 잠깐 반추해 보았다. 자연산自然山의 너그러운 편안함과 달리 산만한 거칠음이었다. 급조된 흥분이랄까? 철근과 콘크리트가 짜 맞춘 바벨탑은 '순간의 호기심' 은 자극할지 몰라도 '서늘한 감동' 은 선사할 수 없었다.

지하철 홍대역 2번 출구로 빠져나오자 어둠이 차갑게 감쌌다. 빌딩 사이를 헤집고 다니는 영하의 매서운 바람이 도시 군상들을 어디론가 빠르게 내몰았다. 휴대폰으로 시인을 부르자 금세 눈앞에 나타났다. 약속 시간 10분 전에 근처서 기다리고 있었다며 장갑 낀 손을 내밀었다. 나와 동년배인 그의 머릿결에도 허연 서리가 군데군데 내렸다.

"추운 날씨에 대구서 오시느라 고생 많았지요. 여름은 정말 더웠는데…."

"오랜만에 서울구경 많이 한 걸요. 물론 그동안 잘 지내셨겠지요?"

"네…. 아직 행사 시간까지 30분 정도 남았으니 저녁이나 먹으러 갑시다."

돌이켜 보니 6개월 전, 과천에 위치한 그의 낡은 아파트 방에서 첫 대면 후 두 번째다. 반가웠지만 왠지 서먹했다. 사실 이번 서울행은 D와의 미술관 관람이 먼저였으나, 뜻하지 않은 상황이 발생해 계획이 비틀어지고 말았다. 고백하기 쑥스러우나 시인과의 만남은 급조된 이벤트였다. 그렇다면 왜 하필 글쟁이와의 접촉이었을까? 아마 그를 통해 한동안 멈춰버린 나의 글쓰기에 어떤 돌파구를 모색할 수 있겠다는 불순한 셈법이 깔려 있었는지도 모른다.

시인과 나는 허름한 골목식당으로 들어가 7천 원짜리 순두부와 비지찌개를 후딱 먹고 나왔다. 그는 제법 맛있게 밥과 찌개를 해치웠으나, 나는 반쯤 남겼다. 배가 고팠으나 더 이상 넘길 수 없었다. 밥값은 시인이 치렀다. 뒤통수가 영 찝찝했다. 그의 연봉은 나보다 분명 두 배 많은 대학교수지만 시인의 주머니를 가볍게 하다니! 물론 나중에 밥

값의 세 배쯤 되는 술값을 내가 지불하긴 했지만….

'이형기 추모 현대시 콘서트'

지하 소극장 입구엔 어른 키 만한 배너가 세워져 있고, 그 옆에 선 안내원이 A4 용지 크기의 팸플릿 한 장을 나에게 건네주었다. 뒤따라 들어오는 사람들에게도 똑같은 행위를 기계적으로 반복했다.

"보라, 여기에 오면 그 부질없음은 허무로 바뀌고, 말은 '온갖 색채를 빨아들여 버리는 단순한 꿈'으로 재정립되지 않는가."

검정색 팸플릿 초대장에 인쇄된 이 빨간 문구는 제법 거창하지만 알쏭달쏭했다. 30년 전쯤이라면 가슴을 흔들 수도 있으련만 지금은 철 지난 광고 카피쯤으로 인식될 뿐이었다. 시詩의 외투를 걸친 감상感傷적 언어들이 나를 감상感想에 빠져들게 할 수 없는 지경에 이르게 한 것일까?

"추운 날씨에도 불구하고 추모 콘서트에 참석해 주신 선생님들께 감사드립니다. 작고하신 이형기 시인도 기뻐하실 거예요…."

이어진 젊은 남녀 사회자의 멘트는 문학청소년들의 언어와 닮은 듯했고, 늙은 남자 시인의 인사말과 한때 TV와 출판계를 달궜던 늙은 여류시인의 추모 시 낭송 역시 운율을 가미한 메아리로 소극장을 떠도는 것 같았다. 내 앞에 앉은 한 아낙네의 휴대폰 화면 불빛도 눈에 거슬렸고, 옆자리에 앉은 중년 아낙들의 소곤거림은 귀를 괴롭혔다.

축하 공연이 시작되었다. 장발의 남자 기타리스트의 연주에 맞춰 부르는 뚱보 아가씨의 노랫소리가 싸구려 스피커를 타고 귓전에 닿았을 땐 그저 행사장을 빠져나오고 싶은 소망뿐이었다. 컴컴한 사방을 둘러보니 50여 명의 참석자들은 시선을 무대로 향하고 있었다. 그들은 모두 시인이거나 시와 연계되는 선남선녀善男善女들이렸다!

1시간 30여 분에 걸친 추모 시 행사가 끝나자마자 둘이서 밖으로 나와 '세계의 맥주' 간판이 붙은 2층 건물 안으로 들어갔다. 초저녁이었지만 술꾼들이 왁자지껄했다. 냉장고에 진열된 각국 맥주는 손님이 골라 마시고, 안주도 고객이 직접 주문-운반하는 셀프 맥줏집이었다. 시인은 '호가든', 나는 '하이네켄'을 한 병씩 들고 바에서 감자 튀김과 반건조 오징어를 주문한 후 자리에 앉았다.

"시 쓰기는 잘 진행되고 있는지요? 저는 요즘 글쓰기가 전혀 안 되고 있는데…."

"시 쓰기는 잠시 멈춘 상태입니다. 지난 학기엔 안식년이라 한 달간 해군생도들과 함께 군함을 타고 태평양을 왕복했지요. 그 기행문을 완성하느라 시는 뒤로 밀려난 셈입니다."

"좋은 경험 하셨네요. 저도 그런 배를 타고 몇 달간 대양을 떠다니고 싶은데…."

순간 시인의 기행문은 어떻게 작성되었는지 궁금했지만 질문하지는 않았다. 지금은 그의 시 작법作法을 알아내는 것이 우선이기 때문이다. 과연 시인과의 짧은 대화를 통해 그 신비술神秘術을 익히기란 불가능하겠지만.

화제를 슬쩍 돌렸다.

"소설이나 다른 독서는 그럭저럭 이어지는데 갈수록 시 읽기가 어려워지네요."

"저도 다른 시인들의 시 읽기가 난해하고 거북해질 때가 많아요. 특히 요즘 발표되는 젊은 시인들의 작품은 무슨 소린지 알 수 없답니다."

대학 강단에서 시를 가르치는 원로급 교수 시인이 시를 이해하기 힘들 지경이라면 분명 작품에 문제가 있다는 믿음이 일어났다.

"원인이 무엇이라고 생각하세요?"

"물론 시가 주관적 상념들이 온갖 비유로 뒤범벅이 된, 시인의 극단적 개성이 고스란히 녹아있는 것인지라 이해나 판단보다 느낌으로 다가가야 되겠지만….”

진부한 답변으로 들렸다. 그 정도 해석은 익히 알만했으니까. 좀 짓궂은 물음을 던져보았다.

“읽기조차 어렵다면 쓰기는 더욱 난공불락이겠네요?”

“하하…. 그렇다고 봐야죠.”

눈치 빠른 시인이 말머리를 돌렸다.

“전 선생님은 시보다는 에세이나 기행문을 쓰면 좋을 것 같은데…. 더구나 여행도 많이 하셨고, 신문기자 생활도 오래 하셨잖아요.”

“글쎄요…. 전 글솜씨가 영 젬병인지라.”

지난여름, 잡지에 기고했던 그와의 인터뷰 기사를 읽은 것 같았다. 그리고 시는 쓰지 말라는 충고로 들렸다. 기분이 좀 상했지만 일단 받아들이기로 마음먹었다. 어차피 이 만남은 시인의 영혼작업실을 염탐하는 것이었으니까! 밤이 이슥해지자 맥줏집의 잡담들이 굉음으로 들렸다. 자리에서 일어나 거리로 나왔다. 시인은 불빛이 반짝이는 모텔로 안내한 후 어둠 속으로 멀어져 갔다. 갑자기 허망감이 몰아쳤다.

성악가 이현의 서재

피아노가 덩그렇게 놓인 넓은 거실을 지나 그의 서재에 들어서니 벽면을 가득 메운 책들이 먼저 눈에 들어왔다. 수십 년간 예술을 직업으로 살아온 성악가의 방이라기보다 독서를 즐기는 여느 지식인의 은밀한 보금자리를 엿보는 듯했다. 책 제목들을 찬찬히 훑어보았다. 음악 관련 서적은 몇 권밖에 되지 않았고, 문학이나 철학, 역사, 과학 등 무거운 주제의 책들이 주류였다. 그 옆에는 여행서들과 음식 조리법에 관한 책들도 눈에 띄었다.

일반인들의 상식이나 예단을 확 무너뜨린 서재였다. 사람들의 감성에 호소하는 소설이나 에세이, 시집은 일단 비슷한 예술분야로 치고, 여행이나 조리에 관련된 것들은 사적인 취미로 넘어가자! 하지만 철저한 이성에 바탕을 둔

철학이나 역사는 예술의 반대편이 아닐까. 그의 독서생활이 궁금했다.

"플라톤의 '국가론' 이나 마르크스의 '자본론', 호이징가의 역사서 '중세의 가을' 도 음악과 연관됩니까?"

"물론 다른 영역이지요. 음악은 청각에 호소하는 소리에 집중하지만, 이런 서적들은 인간의 사상이나 사회를 탐구하니까요. 하지만 음악도 좀 넓고 깊게 보면 그 시대의 사회나 사상을 많이 반영합니다. 한 예로 '중세의 가을' 에서 1천여 년 전 유럽인들의 종교적 배경들을 어렴풋이나마 짐작할 수 있습니다. 당연히 그런 풍경들이 음악에 스며들지 않을 수 없었겠지요. 플라톤이나 마르크스 역시 예술에 대한 색다른 견해를 갖고 있었습니다. 저는 그것이 흥미로웠습니다."

알 듯 말 듯했다.

"그렇다면 수학적 계산에 바탕을 둔 과학은…."

"보통 사람들은 음악과 과학은 별개로 생각하지만 음악이야말로 테크닉적인 측면에서 수학에 많이 기대고 있는 것 같아요. 음표의 배열이랄까, 반복 등은 상당히 수학적 사고가 들어가 있습니다. 물론 톤이나 리듬은 사람의 정서에 뿌리를 두고 있지만."

이현 교수의 독서론을 한참 들으니 얼마 전부터 유행하는 이웃 학문과의 소통 즉 '통섭' 이라는 말이 떠올랐다. 그는 더 나아가 학문과 예술과의 소통을 서재에서 탐색하고 있는 것 같았다.

의사 김성호의 서재

김성호 씨를 처음 만난 곳은 몇 해 전, 어느 독서모임 자리였다. 회원들은 대부분 대학병원 전문의들이었다. 회원이 아닌 나를 그 자리에 초대한 분은 음대 교수이자 현역 성악가였다. 그들은 매월 자신들이 점찍은 소설이나 문학 관련 책을 읽고, 한 사람씩 독후감을 발표하고 토론하는 것이었다. 일종의 독서사교클럽인 셈이다. 그날 선정된 책은 노벨 문학 수상 작가인 엘리아스 카네티의 대표작 『현혹』이었다. 그리고 우리는 헤어졌다.

세월이 흐른 후, 두 번째로 김성호 씨를 마주친 자리는 조그마한 사설 오페라 공연장에서였다. 오페라 공연이 끝나자, 사회자의 즉석 지명에 따라 그는 유명 오페라 아리아를 이태리어로 멋지게 불렀다. 놀라웠다. 오페라 아리아를 원어로 부를 정도라면 음대를 졸업했거나 성악에 상당한 조예를 갖지 않고는 불가능하다는 게 나의 생각이었기 때문이다. 하지만 그는 의과대학을 졸업하고, 20년 이상 파티마병원 신장내과에서 환자들을 진료해 온 전문의다.

"본업은 의학이고, 부업은 문학과 성악인가요?"

"하하하…, 직업이 의사이니 분명 의학은 본업이 맞는 셈인데…, 문학과 성악을 부업으로 내세우기는 좀 어색하고 단지 황홀한 몰입으로 이끄는 취미로 생각합니다. 특히 큰 소리로 열창하는 성악은 가슴을 열어주고 활력을 되찾게 해주죠."

의사 김성호 씨가 안내한 자기만의 공간은 창문을 제외하고는 책으로 3면이 가득 메워진 큰 방이었다. 어림잡아 수천 권은 될 법했다. 창문을 마주한 책상 위에는 러시아 작가 블라디미르 나보코프의 장편 소설 『롤리타』가 펼쳐져 있었다. 내가 한참 동안 책장을 꼼꼼하게 훑어보았다. 동서양 고전소설들이 가장 많았고, 역사서, 철학, 신학, 과학, 전기, 여행, 예술서 등이 분류되지 않은 채 꽂혀 있었다. 그런데 이상하게도 의학 서적은 한 권도 보이지 않았다.

"의사의 서재에 의학책이 없네요?"

“의학 관련 서적들은 모두 병원 진료실에 있습니다. 저는 낮 동안 병원에서 환자들과 즐겁지 못한 이야기를 주고받습니다. 퇴근 후에는 다른 정서를 갖고 싶었어요. 물론 환자와의 대화가 생명과 직결되는 중요하고 보람찬 내용들이지만!”

“병원에서 진료하면서 받은 스트레스를 독서로 해소하는 건가요?”

“그런 셈이지요. 하지만 더 큰 동기는 건강한 인간의 육체와 정신, 그리고 세상의 이치에 대한 호기심 때문입니다. 의사에겐 환자 치료가 우선이겠지만 정상인의 삶도 알아야 되지 않을까요.”

김성호 씨는 초등학교 때부터 지독한 독서광이었다. 그가 살았던 북구 복현동 집에서 중구 동성로 어린이 도서관까지 방과 후 4km를 도보로 책 빌리러 다녔던 추억담도 들려주었다. 요즘은 미국의 여류작가 셰릴 스트레이드가 쓴 『와일드』를 재미있게 읽고 있다고 말했다. 극한 상황을 극복해 나가는 그녀의 모험담에 한껏 고무된 중년 의사의 눈동자가 생기로 반짝거렸다.

4부

전종건을 추모하며

지금도 전화하면 '전종건입니다' 하고 받을 것만 같다

- 예술가보다 더 예술을 사랑했던 전종건을 그리며

김희근 전 영남일보 문화부장

2003년 봄이었다. 신문사 인사 철이기도 했다. 그해 2월, 2백 명 가까운 희생자를 낸 대구지하철 1호선 중앙로역 화재 참사가 터지는 바람에 당시 사회부장으로 있으면서 몸과 마음이 파김치가 됐던 필자가 편집국장의 배려로 문화부장으로 발령받은 것이…. 그때까지 15년 넘도록 함께 편집국에 일하면서 한 차례도 같은 부서에 있지 않았던 전종건 씨가 마침 문화부 차장으로 발령돼 처음으로 같이 손발을 맞추게 됐다.

같은 부서에 있진 않아도 가끔 함께 술잔을 기울일 만큼 전 차장과는 웬만큼 마음을 터놓고 지내는 사이였다. 전종건 씨에 대한 나의 선입견을 완전히 바꿔 놓은 일이 그로부터 얼마 지나지 않아 일어났다. 그가 문화면에 '전종건의 책 읽기' 라는 기획물을 만들어 보겠다고 했고, 나는 불감청이언정 고소원의 심정으로 흔쾌히 동의했다. 선입견이라곤 하지만 그것은 전 차장에 대한 편집국 동료들의 일반적인 평가에 지나지 않았다.

이를테면 인간관계가 서툴고 자기주장이 강하며 고집이 세다는 정도였다. 그것은 가톨릭 수사로 있다가 수도원을 뛰쳐나와 세속의 길을 걷게 됐다는 전 차장 개인의 역사로 미뤄 이해할 만한 일이기는 했다. 개성들이 뚜렷한 신문사 편집국 기자들 사이에서도 전종건은 유난히 눈에 띄는 친구였다. 주변에서 벌어지는 일에는 별 관심이 없고 자기 자신에 집중하는 독특한 성향이었다.

기획물의 첫 편이라며 전 차장이 갖고 온 원고를 잠깐 읽고 나는 깜짝 놀랐다. 지방일간지 차원에선 볼 수 없는 정말 빼어난 수작秀作이었기 때문이다. 국내서 손꼽히는 중앙일간지에서도 찾아보기 힘든, 수준 높은 기사였다. 그래서 '이거 책 안에 있는 문학평론가들의 서평을 대충 짜깁기한 게 아닌가' 하는 의심도 미상불 들었다. 그래서 전 차장에게 "야, 이거 진짜 니가 쓴 거 맞나?" 하는 몰상식한 언사를 내뱉고 말았다.

"그럼 내가 썼지, 누가 씁니까?" 전 차장은 당연히 언짢은 듯 불퉁스럽게 대꾸했다. 그러나 나는 감동했다! 정말로 기뻤다. 대학을 졸업하고 서울서 몇몇 신문사와 방송사 기자 시험에 고배를 든 뒤 지방신문사에 입사해 '지방지 기자'로 잔뼈가 굵은 필자에게 조선일보나 동아일보 같은 중앙지는 대다수 지방지 기자들이 그렇듯 다소간 시샘과 열등감의 대상이었다. 그런 중앙지 문화면에서도 찾아보기 쉽지 않은 수준 높은 기사를 보고 내 일처럼 기뻤던 기억이 지금도 생생하다.

누가 쓴 어떤 책인지 그리고 전 차장의 기사 내용이 어떤 것이었는지 솔직히 지금은 생각나지 않는다. 그러나 주로 사회부 사건통으로, 나이 들어선 행정관서 출입으로 대부분을 보낸 내 어쭙잖은 기자 경력으로도 그의 기사는 상당히 난해한 책을 완벽에 가깝게 소화하지 않고선 쓸 수 없는 훌륭한 것이었다. 나중에 알게 됐지만 '전종건의 책 읽기'가 꾸준히 연재되면서 꽤 많은 애독자를 확보하고 있었다.

대구지역 몇몇 독서 모임에서 그를 초빙했고, 어떤 모임은 정기적으로 전 차장의 독서 지도를 받기도 했다. 그뿐 아니라 독서칼럼을 통해 문학, 미술, 음악 등 문화예술 전

반에 대한 깊고 해박한 지식이 알려지면서 전 차장은 방송사들의 문화예술 프로그램에 출연하기도 했다. 편집국 동료들이 그런 그의 유명세를 부러워하는 눈치였지만 정작 전 차장의 태도는 심드렁했다.

'뭐 그까짓 것 가지고…' 하는 모습처럼 보였다. 그러던 중 '편집부의 인력 부족' 이라는 석연찮은 이유로 전 차장이 편집부로 전격 인사 발령됐다. 정기 인사가 있은 지 몇 달 지나지 않은 데다 모처럼 제자리를 찾은 듯 열심히 일했던 그에겐 적잖은 충격이었던 것이 분명했다. 편집국장을 찾아가 인사의 부당함을 따져야 했지만 내겐 그럴 만한 용기도 열정도 없었고, 다만 비겁했을 따름이다.

전 차장과 대폿집을 찾아 통음痛飮으로 울화를 삭힐 뿐 뾰족한 수가 없었다. 편집부로 간 뒤에도 '전종건의 책 읽기' 는 계속됐다. 그는 편집 일을 하면서 틈틈이 원고를 썼다. 솔직히 얘기하면 전 차장을 위해서라기보다 문화부를 위해서, 아니 신문의 문화면을 위해서 그 독서칼럼은 꼭 필요했다는 생각이다. 문화예술계에 전 차장은 상당한 인맥을 갖고 있었다. 그게 반드시 독서칼럼을 통해서 이뤄진 건 아니지만 그것으로 더 확대되고 깊어진 건 사실일 것이다.

대구 문화예술계는 물론 서울에서도 여러 분야의 대표적 예술가들과 전 차장의 교유가 깊었다는 사실을 안 것은 나중의 일이다. '전종건의 책 읽기' 와 함께 그의 필명을 높인 또 하나의 기획물이 있었다. 그것은 '유럽 미술 · 박물관 기행' 이다. 그 기획은 전 차장이 오래전부터 마음에 품고, 나름대로 준비해 왔던 모양이다. 문화부에서 편집부로 쫓겨(?)간 지 얼마 되지 않아 그가 나를 찾아왔다.

진즉부터 '유럽 미술 · 박물관 기행' 을 기획했지만 스폰서를 못 구해 애를 먹었는데 마침내 메세나mecenat가 나타났다는 얘기였다. 당시는 외환위기 직후로 신문사들이 대부분 경영난을 겪어 큰 비용이 드는 기획물은 스폰서에 의존하는 경우가 많았다. 나는 물론 대환영이었다. 그런데 문제가 있었다. 편집국장과 편집부의 반대였다. 편집부의 반대는 당연했다. 그가 한 달 넘게 유럽 출장을 가면 그의 일이 고스란히 다른 편집부원의 몫이 되기 때문이다.

그런 상황을 편집국장이 쉽사리 받아들여 줄 리도 없었다. 그러나 이런 창대하고 매력적인 기획 시리즈는 신문을 위해, 또 독자들을 위해 포기할 수 없는 것이다. 편집국장을 찾아가 "편집부의 고충은 이해하지만 이 기획 시리즈는 지면을 빛낼 수 있을 뿐 아니라 지역 문화예술계를 위해서도 두 번 다시 없을 좋은 기회"라고 설득했다. 더구나 신문사의 돈이 한 푼도 들지 않는 일이 아닌가!

다행히도 편집국장은 수필로 등단한 문인으로 문화예술에 대한 이해가 높았던 덕분에 기획 시리즈 연재가 허락됐고, 전 차장의 유럽 출장도 성사됐다. 구석구석 유럽의 박물관과 미술관 취재 여행을 다녀온 전 차장이 신바람 나게 기사를 썼고, 현장 사진을 깔아 컬러판으로 편집된 '유럽 미술 · 박물관 기행'은 중앙지도 감히 흉내 내지 못한 훌륭한 기획 기사로 높은 평가를 받았음은 두말할 필요 없다.

이런저런 잊지 못할 추억들을 남긴 채 나와 전 차장의 기자 생활은 2005년 봄, 마침내 종지부를 찍었다. IMF 외환위기를 억지로 넘긴 신문사가 경영난으로 법정관리에 들어갔고, 새로 신문사를 인수하고 입성한 경영진이 구조조정을 통해 부 · 차장 등 간부 대부분을 정리해고한 탓이다. 하루아침에 길바닥에 나앉게 된 우리는 끼리끼리 모여 주중 산행에 나서거나 대폿집에 모여 앉아 살길을 모색했지만 이렇다 할 길은 보이지 않았다.

그런 와중에 전 차장은 한때 해인사 성보박물관 학예실장이라는 번듯한 자리를 차고앉아 우리의 부러움을 샀다. "역시 문화예술 전문가는 어딜 가도 알아주는구나." 하고…. 종건 씨와 친했던 몇몇 동료들과 함께 해인사를 찾아가 박물관 구경을 하고 사하촌에서 술추렴을 했던 기억도 있다. 종건 씨는 불교계 스님들과도 교류가 있었다. 한 스님과는 그의 수행처인 토굴에서 몇 달이고 함께 지낼 만큼 각별한 사이기도 했다.

그는 휴대전화도 터지지 않는 산골 토굴에 살면서 '쓸데없이' 천 권이 훨씬 넘는 책을 읽었다고 나중에 털어놓기도 했다. 신문기자 출신으로, 그것도 50줄을 넘긴 중년에게 돌아올 일자리는 없었다. 그나마 선거판에서 정치부 기자들을 상대하는 홍보 담당으로 기자 출신을 썼지만 그것도 선거에 지면 그야말로 '상갓집 개' 신세가 되곤 했다. 2010년 지방선거 때 대구지역 한 구청장 후보의 부탁을 받고 선거캠프에 들어갔다.

그 후보는 필자가 대구시청에 출입할 때 간부로 재직 중이었고, 기자와 취재원 관계를 떠나 꽤 친하게 지냈던 사이다. 다행히 그는 우여곡절 끝에 당선됐고, 구청장에 취임한 뒤 몇 달이 지나 필자에게 축제 업무를 맡아 달라고 부탁했다. 문화부장을 지냈지만 문화예술에 대한 관심과 소양이 모자랐던 나는 전종건 씨를 떠올렸고, 산속에 있는 그를 불러내 함께 일하게 됐다.

이 책의 제목이 된 「낯선 길」의 이야기가 바로 그 일을 쓴 것이다. 실무 담당 공무원은 물론 행사 기획자로 미리 선정된 팀과의 대립과 갈등이 있었지만 어쨌든 축제는 성황리에 끝났고, 구의회 등으로부터 높은 평가를 받았다. 그 축제가 성공을 거둔 데는 팔 할이 전종건 씨의 열정과 노력 덕분이라고 생각한다. 그는 놀랍게도 대한민국 최고의 예술가들을 서울로 찾아가 단독 교섭했고, 말도 안 되는 적은 개런티로 그들을 축제로 끌어들였다.

자세한 이야기는 책에 서술돼 있어 생략하지만 김덕수 사물놀이패의 김덕수 씨나 풍류 피아니스트 임동창 같은 예술가들이 전종건에게 설득당한 것은 단언컨대 그들이 종건 씨의 예술에 대한 사랑과 깊은 이해에 감동했기 때문이다. 이 일을 계기로 전종건 씨는 구청 산하 문화재단에 팀장으로 근무하게 된다. 자유로운 영혼의 그에게 준공무원 격인 공기관 자리는 '몸에 맞지 않는 옷' 이 아니었을까 싶다.

하지만 맡은 일만큼은 그가 가장 잘할 수 있고, 하고 싶어 했던 것이었으니 정년까지 갈 수 있었다고 생각된다. 전종건은 기실 성격적으로 사람에게 살가운 친구는 아니었다. 그 때문에 오해를 많이 사기도 했다. 그러나 도움을 받았고, 신세를 졌거나 자신을 이해해 주는 사람이라고 생각하면 겉으로 티를 내지 않고 한정 없는 마음을 내주는 친구다. 우리는 가끔 그를 '전 신부' 라고 불렀다.

그의 수사 생활 이력 때문이다. 그는 틈만 나면 산골의 토굴로 들어갔고, 때로는 왜관에 있는 베네딕토 수도원에서 며칠씩 지내다 오곤 했다. 10년 전 초여름 나와 친구 등 세 명이 종건 씨의 주선으로 수도원에서 하룻밤 이틀 낮을 보낸 적이 있다. 그때 하루에도 여러 차례 열리는 미사를 성당 2층 신자석에서 바라보면서, 또 웅장하게 울려 퍼지는 파이프오르간의 그레고리안 성가를 들으며 경건함과 표현하기 어려운 벅찬 감정을 느꼈었다.

특히 미사가 끝나고 수사들이 모두 줄지어 나간 뒤에도 한 수사가 자리에 남아 머리를 여러 차례 앞줄의 나무 의자에 부딪던 모습이 오래도록 뇌리에 남는다. 젊은 날의 수사 시절 전종건의 모습이 아마도 저렇지 않았을까 하는 생각과 함께….

전종건은 떠났지만 지금도 전화를 걸면 그가 천연스럽게 "전종건입니다." 하고 대답할 것만 같다. 아직 그를 마음속에서 떠나보내지 못한 것이다. 가끔 그가 무척이나 그립다!

전全 형을 그리워하며

윤정대 변호사

내가 전 형을 처음 만난 곳은 논산 신병 훈련소였다. 우연히 나와 같은 소대의 신병 내무반에 소속되었는데 그는 군대라는 곳을 몹시 힘들어했다. 눈이 내리는 겨울날이었다. 그는 눈을 바라보며 눈물을 흘렸다. 나는 그런 그의 감성이 좋았다. 연약한 것으로 보이기도 하지만 현실을 무비판적으로 수용하는 것보다 상처를 입는 편이 더 마음에 들었다.

그는 서울 가톨릭대학교를 다니다가 입대를 하였고, 집이 경산이라고 했다. 법대를 졸업하면서 사법시험 공부를 그만두고 기자가 되려 했던 나는 틈틈이 그와 대화를 나눴다. 신학, 철학, 문학에 관하여 적지 않은 지식을 가지고 있었던 그와의 대화를 통해 사고의 지평을 넓힐 수 있었다.

우리는 논산 훈련소의 신병 교육을 마치고 헤어졌다. 그는 전남 광주시에 있는 경비교도대로 배치를 받았고, 나는 의정부 101보충대를 거쳐 경기도 가평군에 있는 수도기계화보병사단에 배치를 받았다. 수기사는 전차戰車, 공병, 포병 등의 훈련을 위주로 하는 부대였지만 사령부에서 행정병으로 일하게 되었다.

나는 군에 입대하면서 두 가지 목표를 세웠다. 하나는 사회 서적, 문학비평, 철학 이렇게 세 부류의 책을 읽는 것이고, 나머지는 체력을 키우는 것이었다. 체력 단련이라고 생각하고 군사훈련을 받아들였다. 1980년대의 당시 군대 분위기는 군기가 엄하고 개인적인 린치lynch도 있었지만, 내가 군 생활을 보낸 곳은 책을 읽고 체력을 키우는 데 나쁘지 않았다.

전 형은 광주에서 군사우편을 이용하여 나에게 몇 번 편지를 보내기도 했다. 군대에서 휴가를 나와 광주 경비교도대로 그를 찾아가기도 했다. 나는 제대 후 대구의 매일신문사 기자로 입사했다. 인연이랄까 그도 이후 매일신문사와 같은 건물을 사용하는 가톨릭신문사에 입사해서 기자로 일했다. 우리는 가끔 얼굴을 봤고 가끔 어울리기도 했다.

나는 신문사 기자 생활을 몇 년 하다가 사법시험을 준비하기 위해 신문사를 그만 두었다. 고시 공부를 하기 위해 팔공산 부인사 근처 산자락에 있을 때 그가 아내와 딸과 함께 찾아온 적이 있었다. 그는 영남일보사 기자로 자리를 옮겨 문화부 기자로 일하고 있다고 했다. 단란하고 행복한 가족의 모습이었다.

시간이 흘러 나는 사법연수원을 거쳐 대구지방법원 앞에서 변호사 개업을 했고, 아내와 사이에 4명의 자녀를 두게 되었다. 변호사 일에 몰두하면서 많은 세월이 흘렀다. 전 형과는 하는 일이 달라서인지 그가 어떻게 지내는지 알지 못하였고, 자주 만나지도 못했다.

그러던 중 그가 영남일보사를 그만 두기도 하고 다시 들어가기도 했다는 이야기를 듣기도 했고, 언젠가는 산사에서 지낸다는 이야기를 듣기도 했다. 나는 그의 소식이 궁금해서 드물지만 가끔 연락을 하기도 했고, 함께 식사를 한 적도 몇 번 있었다. 그의 글이나 그의 분위기에는 수도사처럼 안온함과 정갈함이 있었으나, 한편으로는 무언가 현실 속에서 힘들어하는 것이 감춰져 있는 것이 아닌가 하는 생각이 들었다.

그러나 그의 삶에 아니 누군가의 삶에, 요청받지 않는

한, 관여하거나 개입하지 않는 나로서는 그의 생활에 대해 이것저것 묻기가 어려웠다. 독일의 문호 괴테가 생을 마감하기 전 완성했다는 작품인 파우스트에 나오는 "인간은 노력하는 한 방황하기 마련이다(Es irrt der Mench, solange er strebt)."는 구절을 위안 삼는 수밖에 없었다.

마지막으로 그를 본 것은 전 형이 수성문화재단에서 문화기획팀장이라는 직책으로 일하고 있을 때였던 1, 2년 전인 것 같다. 오랜 세월이 지났지만 그는 여전히 마음이 여린 것 같기도 하고, 삶의 방향성이 현실에 있기보다는 문학적이거나 음악적이거나 철학적인 분위기에 놓여 있는 것 같았다. 그의 자유와 문학과 음악이 부럽기도 했지만 그의 홀로 세속을 벗어나 있는 듯한 모습이 아쉽기도 했다.

그런데 그런 그가 홀연히 곁을 떠났다. 더 많은 자유와 문학과 음악을 누리고자 천상으로 떠난 것인지도 모르겠다. 하지만 내게는 그가 떠났다는 것이 아직 실감이 나지 않는다. 더욱이 그가 남긴 글을 보면 그가 우리 곁에서 생전처럼 정갈하고 안온한 모습으로 있는 듯한 느낌을 지울 수가 없다.

전 형, 그대가 떠난 지 벌써 1년이 다 되었군요. 언젠가 젊은 시절 우리가 서로에게 편지를 썼듯이 그리움의 한 자락을 담아 하늘로 보냅니다. 그대가 늘 꿈꾸던 천상의 음악 속에서 평화와 안식을 누리시길!

나는 이방인으로 왔다 다시 이방인으로 떠나네

길벗 이창희 미술가

전종건 선생님(이하 전 선생)과 첫 만남은 미술작가의 개인전 뒤풀이 장소였다. 내 맞은편 자리에 앉았었는데 호기심 섞인 도발적 질문을 하는 것이었다. "남자입니까, 여자입니까?" 라고…

내가 키가 작고 피부가 희며 머리를 길게 기르고 있어서 헷갈릴 만도 했지만 초면에 생경한 물음이었다. 그렇지만 친절하게 결혼도 했고, 아이도 있다고 한 술 더 떠서 대답하니 큰 웃음을 짓던 모습이 기억난다.

그날 이후 만남을 가지면서 전 선생과 나는 일반 사람들의 인습적 대화주제와는 다른 내용과 생각에 관심사가 많은 부분이 일치하고 있다는 사실을 알게 되었다. 시간이 흐를수록 서로에게 만남과 공감을 낳게 했다.

나의 직관적 언어와 미적 유희 버릇에 전 선생의 호기심 탐구가 더해져 만남의 자리 홍치는 점점 짙어져 갔다. 특히 책과 영화를 통한 인문학적 이야기는 많은 독서경험과 사고의 회의가 아니고선 드러나기 쉽지 않았던 부분이다.

전 선생은 문화부 기자로서 글쓰기와 조사도 있었겠지만, 살아온 방식이 인간의 내밀한 역사의 엿보기를 끊임없이 갈구해 온 탐구자로 보였다.

'타인은 지옥이다' 라는 샤르트르의 글을 인용하며 인간관계의 한계성을 이야기했으며, '떨거지' 란 표현을 적절히 쓰며 풍자적으로 인격을 논했다. 현대 인간군에 고대의 계층사회를 적용하기도 했으며 후각의 강한 발달은 타인과 음식에 대한 기호적 선별로 이어지곤 했다.

요가 수업 중에는 전 선생 특유의 인도음악과 정통 인도인 요가강사 라즈코타리의 동작시연과 옴 만트라로 끝낸 명상은 지금도 잊을 수 없는 특별한 시간이었다. 육체적 고통을 넘어 정신적으로 자유의 텅 빈 체험을 이뤄낸 천상계 추억이었다.

특히 아사나 수업 중에 흘러나온 음악이 있는데 Kamal의 'reiki whale song' 이다. 혹등고래의 신비의 소리와 함께하는 이 음악은 퍼지는 향 내음과 어두운 듯 희미한 조명과 함께 상당히 원시적이며 신비한 체험을 낳게 했다.

지금도 가끔 이 음악을 듣고 있자면 전 선생과 함께 요가를 한 동작의 시간들, 땀과 호흡, 인내, 침묵, 애환이 어우러져 멀리 있지 않고 한 공간에 같이 있다는 느낌을 받는다.

인도인 요가 선생 라즈코타리가 본국으로 돌아가자 우리는 함께 인도여행을 하였다. 라즈의 안내에 따라 여러 도시를 다니며 인더스 문명의 사람, 종교, 풍습을 엿보기 했다. 요가와 명상의 본고장 리시케시 아쉬람에서 새벽 독경을 낭독하기도 했으며, 갠지스 강가에서 명상을 하기도 하였다.

뉴델리에서는 한밤 강가 힌두교 아르띠에서 조로아스터의 불의 숭상을 연상시키는 제전에 참여하였으며, 기원의 꽃불 디아를 갠지스강에 띄웠다. 또한 아라비안나이트에 나오는 대상인처럼 고가의 샤쟈한 황제의 수작업 자수드레스와 파키스탄, 인도 대형 실크양탄자를 무수히 살피고 흥정한 시간도 있었다.

지금도 나의 옷장에는 이 황제의 화려한 실크 자수드레스가 의전을 못 만나 한 번도 출타를 못하고 있지만, 언젠가 전 선생을 만나러 갈 때 예쁘게 차려 입고 가지 않을까 생각한다.

인도 여행에서 다양한 경험을 한 뒤 만남이 뜸해진 사이 전 선생은 신문사를 나와서 해인사를 거쳐 아는 스님의 암자에 기거하게 되었다. 이리하여 언론에서의 인연은 자의 반 타의 반 끊어지게 되었다.

그당시 전 선생은 자신의 온갖 어려운 상황을 자연은둔과 책으로 깊이 파고 들어간 조각난 한 인간의 모습을 나타내었다. 인습을 따르기엔 이미 너무 커버린 자아와 그에 따른 독특한 생활습관은 세상과의 화평에는 도움이 되지 못하는 듯했다.

이전부터 전 선생은 답답할 때면 산행을 다니곤 했다. 용지봉 새해 일출을 시작으로 한겨울 은해사 운부암과 능선, 주왕산을 봄, 가을로 다녔으며 한잔 술을 기울이다 막차를 놓치는 일도 있었다. 청도 운문사 일대 암자와 운문산 정상도 찾아 다녔다.

대구 S문화재단 근무 때부터는 둘이서 진밭골 여러 코스를 자주 다녔는데, 전 선생이 건강상 험한 산의 정상정복을 좋아하지 않아서였다. 다만 고요한 숲의 정적을 거닐며 담소로서 마음과 육체의 번뇌를 걷어내곤 했다. 산행에서 전 선생은 국가와 정치의 허구성과 미디어의 폐해를 이야기하곤 했다.

어느 날 전 선생은 암자 생활을 뒤로하고 대구 S문화재단으로 이 회색도시에 컴백하게 되었다. 근무 시절 퇴근 후 때때로 연락이 와서 식사를 하게 되었는데, 전 선생은 지난날 암자생활로 외로울 때 대구에 오면 항상 짜장면을 사주던 그 의리와 정을 잊을 수 없다며 음식을 권하곤 했다.

전 선생은 직장 정년을 마치고 하늘아래 첫 동네로 거처를 옮겼다. 나는 팰릿난로 설치로 한 번 방문하였고 셰퍼드 키운다고 개집 조립으로 재회, 그렇게 구룡마을을 방문하고 난 후 전 선생과의 연락이 끊어졌다. 명절 외 수차례 연락하였으나 10개월여 정도 연락이 되지 않았다.

어느 날 청도의 지인 건축가가 나에게 찾아와서 조심스레 건네는 말이 전 선생이 암 치유차 청도 성모솔숲마을에 와 있다는 것이었다. 그때 췌장암 발병 사실을 알게 되었다. 건강 상태가 안 좋아져 병원에 입원했다는 메시지를 받고 병원으로 갔다. 특유의 성격으로 한두 분의 병문안만 받고 주위에 일절 알리지 않았던 것이다.

전 선생은 사람 간섭 없는 1인실에서 늘 그랬듯이 TV는 끈 채로 간병인 없이 고고히 누워있었다. 며칠 후 돌아가시기 일주일 전 간병 기회로 오전 간호에서 오후까지 둘이서 앉아서 이야기하고 회상했다. 비교적 담담하면서 또렷

한 의식으로 세상사를 이야기했고, 암과 싸워 온 노력과 상황을 설명했다. 그리고 자신의 생명 시간이 얼마 남지 않았음을 예감하고 있는 듯했다.

오전 원장수녀님이 회진 때 "우리는 모두 사형수입니다."라며 전 선생의 마음을 온전히 편하게 이끄시고 같이 평화롭게 기도했다. 전 선생은 인도 여행 이야기를 하며 불가촉천민도 안 걸리는 몹쓸 병이 걸렸다며 특유의 논조로 읊조리며, '이제 해보고 싶은 거 좀 해 보려고 하는데' 라면서 생에 대한 아쉬운 기색을 드러냈었다.

가톨릭대학교 출신으로 성직자는 아니었지만 평생 수도원과 사찰에서 자신의 영성을 쉬었고 피안처로 삼고 싶어 했다. 책과 음악, 영화, 여행 등으로 우리에게 특별한 인문학 향기를 남겼다. 누구에게도 가족의 이야기나 자신의 속마음을 이야기하지 않고 외롭게 가슴으로만 품고 살다 생을 마쳤다.

이러한 특성으로 인해 인간관계에서도 거리를 두며 자존의 상흔이 느껴지면 전화기를 수시로 끄곤 했고 학교, 직장의 평가주의, 규율주의에 유달리 적응을 힘들어하곤 했다.

우리 사회에서 선택적 부적응자에게 편안함의 자리는

없다. 나는 현생에서 많지 않은 한 명의 사회적 소수자를 잃게 된 것이다. 전 선생의 유품에서 찾은 슈베르트의 겨울 나그네 문구로 글을 마치고자 한다.

"나는 이방인으로 왔다 다시 이방인으로 떠나네.
안녕히."

전종건 팀장님을 추억하며

이현 영남대학교 음대 교수

2013년 7월 9일, 수성아트피아 주최의 테너 이현 초청 튜스데이 모닝콘서트가 끝난 다음 날, 전화 한 통을 받았다. 수성문화재단 전종건 팀장이라면서 "어제 공연에 감명받았다. 흐름이 끊기지 않는 새로운 시도로 콘서트에 스토리를 입혀 나가는 것이 좋았다. 콘서트도 앞으로 이렇게 가야 하지 않을까 생각한다."는 내용이었다.

이것이 전 팀장님과 만남의 시작이었다. 이후로 그가 문화재단에 있으면서 기획하는 일에 아이디어 공유 차원에서 여러 차례 만남을 가졌지만 이내 화두는 책과 영화, 오디오, 그림 이야기로 옮겨가고 시간 가는 줄 몰랐다. 그는 세상의 온갖 혼란과 비정상에 대한 통탄, 위선으로 가려진 기득권의 본성을 비판하고 진실을 갈망했다.

특유의 퉁명스런 화법으로 나에게 외형이 아닌 내면을

따뜻하게 채우라고 외쳤다. 그는 무력하고 무가치한 것을 추구하는 모든 것을 경멸했다. 그러나 그렇게 거친 언변에 감춰있는 수줍음과 순수했던 미소를 잊을 수가 없다. 한때 신학을 공부했던 그는 신앙인의 외식적인 행위가 아닌 신앙의 본질을 찾고자 몸부림치던 고뇌하는 수도사였다.

이제 돌아보니 그렇다. 그래서 더 허망하고 떠나버린 그가 밉고도 그립다. 그가 내게 추천해 주었던 책들을 다시 들춰본다. 엘리아스 카네티의 『현혹』, 『군중과 권력』, 도미니크 보나의 『로맹 가리』, 에밀 아자르의 『자기 앞의 생』, 노통브의 『살인자의 건강법』 등. 몇 편의 영화도 공유했다.

특히 카를로스 사우라 감독의 영화들을 통해 현실을 깨뜨리는 용기를, 가브리엘 가르시아 마르케스의 『콜레라 시대의 사랑』을 통해 자신이 간직하고 기다리는 사랑의 마침표는 무엇인가를 생각하게 한다. 연식이 한참 흐른 우리집 쟈디스 앰프와 탄노이 프레스티지 스피커에 연결해 놓고 엘 팔라치오 클럽의 탱고 콘서트를 보다가는 어김없이 오디오 강의로 흘렀다.

지난 연말쯤, 그가 집으로 불쑥 찾아왔다. 함께 식사를 하면서 은퇴하고 정착하기 위해 준비한다는 운문산 어디

쯤에 있을 당신의 집에 가서 마음껏 음악을 즐기자고 했다. 이탈리아 요리와 음악에 대한 책을 출간하고 싶다는 내 말에 원고 수정은 맡아서 해 주겠다고 약속했다.

고통과 두려움 속에서 어쩌면 그렇게 태연했을까? 당신의 꺼져가는 촛불을 알아채지 못하는 내가 얼마나 무심하고 얄미우셨을까? 그렇게 헤어지고서는 이젠 그에게 갈 수도 없고 지킬 수 없는 약속이 되었지만 그가 내게 심어 준 "본질에 다가가기 위한 끊임없는 도전과 용기"라는 씨앗은 내 남은 음악 인생에 흐트러지지 않을 영감이 되었다.

세상을 향해 던지는 그 어느 현자의 소리보다 쓰디쓴 그의 진실의 입이 그립다.

여기, 그가 남긴 낯선 길, 筆本의 온點 마침표를 지우고 싶다.

그대에게

한도경(韓到憬) 시몬, 건축가

주님! 전종건 베드로 형제에게 영원한 안식을 주소서!

모든 것을 뒤로하고 저 세상으로 가버린 전종건 베드로 형제님께서 나에게 남기고 간 것은 안타까움과 아쉬움이다. 그리고 머리말과 후기의 글쓰기를 비워 둔 채 '낯선 길' 이라는 제목의 자서전 형식의 유작遺作이 프린트가 되어 그의 여동생을 통하여 우편물로 나에게 전해왔다.

내가 전 베드로 형제를 처음 만난 곳은 청도 성모솔숲마을이다. 나 역시 폐암 1기 판정을 받고 수술 후 그곳 청도 성모솔숲마을에 휴양차 들어간 지 한 달 보름 정도 지난 2020년 10월 중순경쯤이다.

처음 본 그의 모습은 중절모를 쓰고 털이 많아 유난히 텁수룩한 그의 얼굴이었다. 그리고 췌장암으로 수술 받은 후

여서 숙소에서 얼마 떨어지지 않은 식당까지 겨우 힘겹게 걸어와서 식사를 하였는데, 식사 중에는 말이 별로 없었고 일상에서도 사람들과 잘 어울리지 않았다.

그러나 간혹 한 번씩 하는 행동이나 말과 모습에서 전직 기자로 살아온 그의 내력이 보였고, 이야기를 하게 되면 굉장히 재미있을 것 같았다. 그렇게 나름대로 매력적인 사람으로 보였다.

그 후 전 베드로 형제가 호전이 되어 어느 정도 걸어 다니게 되던 시월 말경이었다. 어느 날, 청도 성모솔숲마을에는 힐링 멤버(환우)를 위한 전용 카페가 있는데, 우리 힐링 멤버들이 숙소에 있지 않을 때나 운동을 하지 않을 때는 그곳 카페에 모여 건강에 관련한 것과 그곳의 일상에 대한 이야기 등을 하면서 다과를 나누는 곳이다.

나는 거기 모임이 있을 때 모인 몇몇 사람들을 위하여 커피를 내리곤 하였는데 그 모습을 전 베드로 형제가 지나가면서 몇 번 본 모양이었다. 아프기 전 커피를 좋아한 그는 나에게 내일 오후에 카페에서 차 한 잔 하자고 하였다.

다음 날 오후 그는 자기가 가지고 온 커피와 도구로 내린 커피를 맛이 어떠냐고 나에게 권하면서 커피에 대한 역사, 종류, 내리는 법, 에피소드 등 자기가 알고 있는 커피에 대한 이야기는 다 해 주었다. 문화적 관점에서 혼자 일본의 여러 곳을 여행한 이야기도 들려주었는데, 그의 이야기는 흥미로웠고 재미가 있었다. 그런 그에게 나 역시 건축에 종사하면서 살아 온 지난 이야기를 들려주었다.

이렇게 그와 시작한 대화는 긴 시간은 아니었지만 성모 솔숲마을에 있는 약 4개월 동안 그의 방에서 또는 내 방에서, 카페에서, 오솔길을 걸으면서 많은 이야기를 하곤 하였다. 이 시기에 그가 나에게 해준 이야기의 대부분이 『낯선 길』이라는 그의 자서전 안에 들어 있는 내용이다.

그는 언젠가 나에게 이런 말을 한 적이 있다. 나의 재산은 책과 음악이 거의 전부라고. 자서전 안에서 보듯이 그는 호기심 많고 흥미가 많은 소년 같은 사람이 아닌가 한다.

그는 『암의 진실』이라는 책을 읽으면서 항암치료나 방사선치료에 대해 상당히 비판적인 생각을 많이 가지고 나에게 이야기했다. 그래서 자연치료 요법으로 암을 극복하기로 마음을 굳히고 쑥뜸과 침, 칠보산 자연생활교육원에서 자연치유식을 체험하기도 했다. 그렇게 자연적 치유가 되기를 바라면서 노력하고 실행했지만 아쉽게도 이 세상을 떠나갔다.

그렇게 그와의 인연은 긴 시간은 아니지만 같이 아픈 사람으로서, 그곳에서 같이 식사하고 이야기도 하며 일상을 보내는 과정에서 밖에서 보냈던 그 어떤 시간보다도 더 애틋하고 애정이 있었다.

나는 그곳 성모솔숲마을에 5개월 있다가 서울삼성병원의 검진 결과 지금은 아무 이상이 없으니 6개월 후 다시 보자는 의사의 말을 듣고 베드로 형제가 세상을 떠나기 2개월 전쯤 그곳 성모솔숲마을을 먼저 나왔다.

나오기 전 그가 나에게 마지막으로 한 말이 생각난다. "암이 간으로 전이 되어 예후가 좋지 않다."는 그의 말에 조마조마한 마음은 있었지만 잘 견디어 줄 것이라고 믿었다. 나는 그동안 정이 들어 아쉬운 마음이 있었지만 그 모든 것을 뒤로하고 그곳을 나오게 되었다.

나는 성모솔숲마을에 있을 때 행복했고 좋았다. 성모솔숲마을은 비가 와도 좋았고 눈이 와도, 바람이 불어도 좋았다. 성당과 미사, 신부님, 사무장님, 힐링 멤버의 형제 자매님들, 『평화 생태 이야기』의 저자이신 정홍규 신부님의 특강, 에밀 타케 신부님 이야기, 제주에서의 식물학술발표, 성경 쓰기, 물과 햇빛과 공기와 바람, 오솔길과 솔숲의 데크, 십자가의 길 14처, 풍욕, 건강정보 공유, 침대의 전기

장과 라돈 측정, 가로등 보수, TV 자막 수정, 성익환 박사님의 물 강의, 의사 선생님의 건강 강의, 춤 테라피, 명상, 다도, 관솔을 다듬어 나누어 주던 일, 새해 헐티재에서의 해돋이, 커피, 차, 사진 찍기, 다 함께 소풍 갔던 일, 소풍 가서 본 특이하게 생긴 소나무와 그러한 소나무의 생명력, 달창저수지의 소머리 국밥, 탁구, 바둑, 시월의 마지막 밤에서의 밴드와 노래. 그리고 서로를 위하는 마음, 일상에서 전 베드로와의 나눈 대화, 어느 늦가을 전 베드로와 둘이서 낙엽이 엄청 쌓인 숲속 애골길을 걸으면서 많은 낙엽과 운치가 좋아 다음에 또 오고 싶다고 한 말 등등… 이 모든 것이 나는 좋았고 감사했다.

그곳 성모솔숲마을을 나오고 20일 정도 지난 어느 날 정 신부님에게서 카톡이 날아왔다. "살아 있다는 것은 그저 심장이 뛰기만 하면 되는 것이 아니고 다른 심장은 어떻게 뛰고 다른 정신은 어떻게 생각하는지 알아채는 일이다." 라는 내용의 의미심장한 문자였다.

읽는 순간 전 베드로 형제에게 때가 가까이 왔다는 것을 느꼈지만 잘 버티어 주리라는 나태하고 안일한 생각으로 지나쳐 버렸다. 그래서 나는 더 아쉬움이 남는다. 마음에서 가르쳐 주는 대로 하지 못한 죄스러운 마음이 그렇게 남아있다.

전 베드로 형제는 세상을 떠났지만 나는 2021년 4월 말에 청도 성모솔숲마을에 가서야 그날 그곳에 정홍규 신부님을 만나러 온 전 베드로 님의 여동생을 통하여 처음 그 사실을 알았다. 이미 전 베드로 형제가 세상을 떠난 지 여러 날이 지난 뒤였다.

그 뒤 6월 중순경 나는 전 베드로 형제의 49재 때 그의 여동생과 함께 묘지를 찾아갔다. 선산에 자기 아버지 묘소 옆에 아주 조그마한 비석 아래 한 줌의 재가 되어 있는 그의 묘지 앞에서 연도를 바치고 성가를 불렀다. 마침 한줄기 시원한 바람이 불어오는 그때, 전베드로 형제가 살아생전에 나에게 소개해 준 이성선의 『산시』라는 시집에 실린 문구가 문득 생각났다.

나 없는 세상

나죽어
이 세상에서 사라진다 해도

저 물속에는

산 그림자 여전히 혼자 뜰 것이다.

나는 가을이 다가오는 요즘 저 푸른 하늘을 자주 쳐다본다. 무한소와 함께 무한대라고 느껴지는 저 광활한 우주, 거기에서의 나.

살았으면 좋은 말벗과 친구가 될 수 있었을 전 베드로 형제를 생각하면서 안타까움과 아쉬운 마음으로 미숙하나마 후기의 글을 마치고자 한다.

2021년 9월
전 베드로 형제 삶의 끝자락에서 만나
서로 진심으로 치유되기를 바라며 함께했던
한도경韓到憬 시몬 적음